社会問題の
解決を目指す地理教育

システム思考からさらにその先へ

地理教育システムアプローチ研究会
宮﨑沙織・泉貴久・阪上弘彬・中村洋介・山本隆太 〈編著〉

学文社

【執筆者】

＊宮﨑　沙織　　群馬大学共同教育学部　〔まえがき，4.1，4.3〕

　佐藤　真久　　東京都市大学環境学部　〔1.1〕

＊山本　隆太　　静岡大学地域創造教育センター　〔1.2, 1.3訳, 1.3補説訳, 4.1〕

　トーマス・ホフマン　　ドイツ・ロイファナリューネブルク大学　〔1.3〕

　クリスティアン・エンゲルス　　ドイツ・ハンス・トーマギムナジウム　〔1.3補説〕

＊中村　洋介　　公文国際学園中等部・高等部　〔2.1〕

　首藤　慧真　　広島県立広島井口高等学校　〔2.2〕

　田中　岳人　　同志社女子中学校・高等学校　〔2.3〕

　長谷川正利　　桐蔭学園中等教育学校　〔2.4〕

＊泉　貴久　　専修大学松戸高等学校　〔3.1, あとがき〕

　山内　洋美　　宮城県仙台西高等学校　〔3.2〕

　中村　理恵　　群馬県立高崎女子高等学校　〔3.3〕

＊阪上　弘彬　　千葉大学教育学部　〔4.1〕

　坪田　益美　　東北学院大学地域総合学部　〔4.2〕

　梅村　松秀　　ERIC国際理解教育センター　〔4.3〕

（執筆順，＊印は編者）

まえがき
―社会問題の解決に向けた地理教育とは何か―

1. 本書が目指していること

　現代社会は，2000 年代に入り，社会問題（現代社会の諸課題）と関連して，VUCA な時代，人新世（地質学の用語で「人間の世紀」），大加速化時代などと，表される。それは，人間社会の地球システムに与える影響がかつてないほど大きくなってきていることが背景としてある。例えば，現代の地球システムと社会経済の大きな変動は，「グレート・アクセラレーション（大加速）」と呼ばれており，環境の変化と社会経済の変化の連動性はもはや否定できないものとなっている。そして，社会や環境に係る諸課題を統合した社会問題は，解決のために社会システムの変革が必須であり，かつ一人ひとりが自己と社会システムとの関係をとらえ，解決に向けた参画を考えていくことが必要とされる。とりわけ地理教育においては，解決に向けて必要な空間および地域認識のあり方を検討していくことが課題である。よって，本書では，システム思考を基盤とした社会問題の解決に向けた（解決志向型の）新たな空間および地域認識のあり方と地理教育実践について言及したい。

　2015 年に始動した地理教育システムアプローチ研究会では，システム思考を基盤にしながら，中等地理教育を中心に，どのように社会問題を扱い解決を目指す子どもを育成できるのかを検討してきた。2021 年に本研究会が出版した『システム思考で地理を学ぶ』（古今書院）では，地域や社会の現状について，システム思考によって構造化および図式化し，問題構造や問題の全体像の把握に関する地理教育実践を提案することができた。実際に，出版後に当該書籍を参考にし，数々の実践研究が研究会内外の実践者により試みられたことは，論文の引用文献の記載によって確認できる。つまり，地理教育でシステム思考を扱うことによって，社会問題を含めた空間や地域をとらえることについては一定の評価があることがうかがえる。それは，現行の中高学習指導要領の地理領域で示されるような地球的課題の導入や防災学習の重視といった動向とも合致

し，取り組みやすいということも背景としてあるだろう。一方で，社会問題の解決に向けた実践については，あまり多くの提案や検討ができなかったという課題が残ったと考えている。

そこで，本書で目指したいのは，近年提唱される「未来志向」の地理教育への言及である。まず，研究活動として，ESD をベースとする学習論を展開する佐藤真久氏より研究協力いただき，講演のみならず，本書の方向性等についても多くの意見をいただいた。佐藤真久氏は，システム思考からデザイン思考へ向かう探究の学習プロセスを提起すると同時に，問題解決に関わる用語やとらえ方のシフトを本書では提起している（本書第 1 部第 1 章）。次に，ドイツでシステム思考や解決志向型を提唱し進めているトーマス・ホフマン氏を迎え，さらなる検討を行った。トーマス・ホフマン氏は，SDGs 教育を進めるための『システム思考のための 10 ステップ』や社会問題解決のための先駆的な技術や開発への驚きから，生徒自身も前向きに解決について考える学習プロセスを提起している（第 1 部第 3 章）。その他，本書に係る研究活動では，神原理氏（商品学）・菊地俊夫氏（人文地理学）・阪本将英氏（環境経済学）・高橋敬子氏（環境教育・ESD）による専門的立場からの講演会も実施した。本書の最後には，シティズンシップ教育を専門とする坪田益美氏（社会科教育学）からも今後の展開に向けた提言となる論稿を掲載している（第 4 部第 2 章）。

これまでの地理教育研究においても，社会問題の解決に向けた諸論が展開されてきた（第 4 部第 1 章）。具体的には，探究や問題解決的プロセスによって社会問題の原因と結果を追究し，そこから問題の原因を取り除くような解決策を考える・考察するという展開が多い。それに対し，本書では，システム思考を基盤としながら，ありうる社会やありたい社会の追究を前提として，地域や社会を読み解き，解決策を分析・吟味・提案する地理教育のあり方を提唱している。つまり，従来の，問題の原因を取り除く（例：貧困問題の一因に私たちの生活行動があることから，貧困地域に援助金を送ろうなど）ことから，社会システムのあり方を変革する（例：貧困地域の人々が貧困のループに陥らないための社会システムを考える（その上で自分の行動を考える））という問題解決のあり方のシフト（第 1 部第 1 章）を前提として，迫りくる悪夢の未来から目的論的に明るい未

来を意識した（第1部第2章）地理教育を展開することで，子どもたちの近未来に向けた空間および地域認識を育てたいと考えている。

以上のことを踏まえ，本書では研究者や実践者がそれぞれ社会問題の解決に向けた地理教育について言及している。

2. 社会問題の解決に向けた地理教育のあり方

筆者は本書の編集を通して，図1のようにシステム思考を基盤とした社会問題の解決に向けた地理教育のあり方をとらえている。

学習対象としての地理的事象は，現在や過去の解決策に着目する。実行されている（実行された）解決策を地理的事象として扱い，現在の解決策が目指している社会システム像をとらえたり，過去の解決策が社会システムとしてどのように進められたのかを検証したりすることで，妥当性や実現可能性の判断，さらに新たな解決策の参考にすることができる。また，予測や変容を前提に追究することで，相互作用や動的変化を前提とした未来社会像について思考することができる。さらに，解決策を実行する中での葛藤や周辺的要素に着目するこ

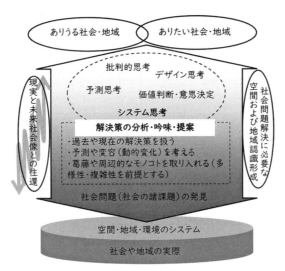

図1　本書の社会問題の解決に向けた地理教育のあり方

（筆者作成）

とで，複雑性を前提としたシステムの揺らぎの中で，解決をしていくことを認識することができる。以上を通して，社会問題解決に必要な空間および地域認識形成と，現実と未来社会像との往還を常に意識するような未来志向の地理教育が実現されると考える。

実際，本書の授業実践としては，地理システム学習の入門期としての授業展開の方法論とその検証を行った論稿（第2部第1章）から，地理学習の革新的実践としてありたい社会を追究するデザイン思考を意識した論稿（第3部第3章）まで，多様な実践論が展開されている。学習方法についても，これまでのシステム思考ツール（関係構造図やフロー図，ループ図，ミステリー）に加え，予測思考や批判的思考，デザイン思考，価値判断力などを意識した実践が並ぶ。

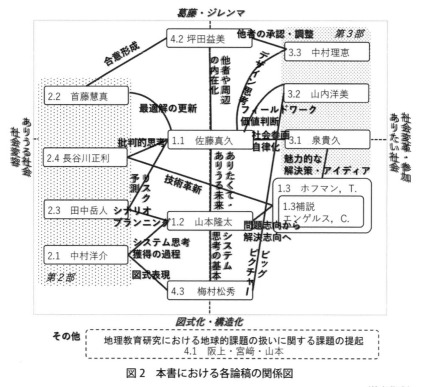

図2　本書における各論稿の関係図

（筆者作成）

図2は，本書全体の構成を図示したものである。本書を読む際の参考にしていただきたい。

横軸をありうる社会とありたい社会，縦軸を葛藤・ジレンマと図式化・構造化の対称軸を設け，各論稿を座標に配置した。横軸のありうる社会とありたい社会については，主に第1部第1章で提起された観点であり，葛藤・ジレンマと図式化・構造化については，主に第4部において提起された観点である。配置の結果，図式化・構造化とありうる社会（社会変容）を重点とした論稿（第3象限中心：第2部）と，葛藤やジレンマなど心理的な面とありたい社会（社会参加や社会変革）を重点とした論稿（第1象限中心：第3部）に大きく分けることができた。

さらに，論稿間の関係を考察し，線で結びキーワードを配置した。システム思考だけでなく，社会問題の解決に向けた地理教育実践として，さらにその先を意識したキーワードが見えてくるだろう。

以上より，本書では，第2部を地域や社会変容を考える「ありうる社会・地域」の追究を基盤とした実践，第3部をサステイナブルファッション，暮らしやすい住みやすい地域，多文化共生社会といった「ありたい社会・地域」の追究を目指した実践を中心に掲載している。また，理論的な提起として，第1部では，佐藤真久とトーマス・ホフマンの論稿の橋渡しとして，山本が整理している（第1部第2章）。第4部では，システム思考の基本的段階について，梅村がシステム思考の10ステップと，システム思考の源流的論稿との関連を試みている。

3. 本書出版に至るまでの歩み

本書に係る研究プロジェクトは，コロナ渦の2020年度から始まり，先述した方々による講演会を中心としたオンラインでの研究会での活動を少しずつ行った。そして，本格的な出版に向けた活動は，2023年春に始動した。2023年6月にホフマン氏のワークショップや講演会を開催した。2023年夏と秋には，佐藤氏と執筆メンバーでの意見交換会を実施した。そして，2024年3月には，論稿に関する意見交換会を実施し，2024年8月には日本地理教育学会での自

由研究発表（宮崎・佐藤・阪上・中村理・山本，首藤，泉，山内）を行った。

　地理教育システムアプローチ研究会の活動は，2024 年に 10 年目を迎えた。5 名で始めた本研究会は，約 10 年間で Facebook「地理教育システムアプローチ研究会」の登録者数 109 名（2024 年 9 月現在）となった。本書は，本研究会での活動の中から，社会問題の解決に向けた地理教育の論考と実践を紹介している。紙幅や研究期間の関係で，本書では紹介できなかった優れた実践が研究会メンバーからもこれまで多く提案されている。本書を契機として，システム思考に係る他の実践研究にも目を向けていただけたら幸いである。

　最後に，本研究会の活動や本書出版にかかわりご協力いただいたすべての方々に心より感謝申し上げたい。

2025 年 1 月吉日

　　　　　編者を代表して　地理教育システムアプローチ研究会　宮﨑　沙織

　　※本書に係る研究活動および出版については，JSPS 科研費 20K02874「地球的
　　　課題の解決志向型中等地理カリキュラムに関する理論的実践的研究」の助成
　　　を受けて行ったものである。

目　　次

まえがき　　i

第 1 部　社会問題の解決を目指すこれからの日本の地理教育に向けて

第 1 章　VUCA 社会に対応し，持続可能な社会の担い手を創る
―地理教育への期待― ……………………………………… 佐藤真久　2

1. はじめに　2
2. 開発アプローチの歴史的俯瞰　　2
3. 今日的な時代認識　4
4. 多様な分野・領域における持続可能性に向けた取組と担い手づくり　　5
5. 求められる前提のシフト　　7
6. 活かすことのできる国内外の ESD の議論と経験　　8
7. VUCA 社会に向き合い，持続可能な社会の構築に向けた探究活動の拡充に向けて　　10
8. VUCA 社会に対応し，持続可能な社会の担い手を創る地理教育への期待　　15
9. おわりに　25

第 2 章　システム思考からデザイン思考，解決志向型学習へ
……………………………………………………………… 山本隆太　31

1. 「持続可能な開発」と地理教育　　31
2. 原因追及だったシステム思考での「課題志向型学習」(Problem-oriented Learning)　33
3. 「10 ステップ」に見るシステム思考　　36
4. 解決志向型学習 (Solution-oriented Learning)　　39
5. システム思考とデザイン思考の融合　　41
6. おわりに　43

viii

第3章　地理の授業でグローバルな課題にどう対処するか？

　　　　　　　　……………………………………トーマス・ホフマン／山本隆太訳　45

1. はじめに　45
2. グローバルな諸課題　47
3. 教育の役割　56

補　説　解決志向型アプローチの実践報告「どのように海をキレイにするか？」

　　　　　　　　……………………………クリスティアン・エンゲルス／山本隆太訳　64

1. はじめに　64
2. 授業計画の全体像　65
3. 授業展開　67
4. 単元の終わり―生徒のフィードバック　71

第2部　地理システムアプローチによる図式化と 社会変容をとらえることの意義

第1章　地理学習入門期における図式を活用した地域変容の予測とその効果

　　　　　　　　………………………………………………………中村洋介　74

1. 社会問題を予測するための図式（システム図）の活用　74
2. 教材・授業デザインのポイントと視点　75
3. 授業の実践・評価・図式（システム図）の効果　77
4. 地域変容を予測する学習の意義と今後の課題　83

第2章　社会課題の解決にシステム思考を働かせて最適解を見出す地理学習

　　　　　　　　………………………………………………………首藤慧真　86

1. 社会課題の解決構想において，「他人事」をシステム思考が乗り越える 可能性　86
2. 実践における教材・授業デザインのポイントや視点　87
3. 指導例　89
4. 意義や今後の課題　95

目　次　ix

第3章　関係構造図を活用したシナリオプランニング

　　―中国を事例として―‥‥‥‥‥‥‥‥‥‥‥‥‥‥‥‥‥‥田中岳人　98

　1.　システム思考×シナリオプランニング　98
　2.　実践における教材・授業デザインのポイントや視点　99
　3.　指導例　99
　4.　意義や今後の課題　105

第4章　「関係構造図」を使って高校「地理総合」で「脱炭素社会の実現」

　　を考える‥‥‥‥‥‥‥‥‥‥‥‥‥‥‥‥‥‥‥‥長谷川正利　109

　1.　「地理総合」で「脱炭素社会の実現」を授業するということ　109
　2.　「脱炭素社会の実現」を考える授業の構想　110
　3.　授業デザイン　111
　4.　自動車輸送における「脱炭素社会の実現」に向けて　115

第3部　地理システムアプローチで
ありたい社会はどのように考えられるか

第1章　社会的諸課題への当事者意識と社会参画能力の育成を目指した

　　授業実践―システム思考に関わる2つの能力を基軸にして―

　　　‥‥‥‥‥‥‥‥‥‥‥‥‥‥‥‥‥‥‥‥‥‥‥‥‥‥泉　　貴久　120

　1.　システム思考を活用した従来の地理授業実践の問題点　120
　2.　実践における教材・授業デザインのポイントや視点　121
　3.　指導例　123
　4.　意義や今後の課題　129

第2章　暮らしやすい，暮らし続けられる地域について考える

　　―学習手法ミステリーで地域システムをメタ認知し，

　　望む未来を想定する―‥‥‥‥‥‥‥‥‥‥‥‥‥‥山内洋美　135

　1.　学習手法ミステリーを用いて，地域の課題を自分ごとにする　135
　2.　実践における教材・授業デザインのポイントや視点　137
　3.　『西陵ミステリー：開発と災害』開発と実践　138
　4.　学習手法ミステリーに取り組む意義　144

第3章　システム思考に基づいて協働的に進める多文化共生社会デザイン

　　　　―高校生と留学生の共同授業の試み―……………………中村理恵　149

　1.　はじめに　149
　2.　授業デザインのポイント・視点　150
　3.　共同授業の事前準備と実践　152
　4.　本実践の意義や今後の課題等　158

第4部　地理や社会科における社会問題の扱いと
システムアプローチとの関係をさらに考究する

第1章　日本の中等地理教育における地球的課題に関する学習指導の特徴と

　　　　課題―2002年以降を対象としたシステマティックレビュー―

　　　　………………………………………阪上弘彬・宮﨑沙織・山本隆太　162

　1.　はじめに　162
　2.　研究の方法・手続き　164
　3.　結　果　169
　4.　考　察　176
　5.　まとめ　178

第2章　カナダ・アルバータ州社会科におけるIssues-Focused Approach

　　　　の意義―システムアプローチの観点から―……………坪田益美　180

　1.　はじめに　180
　2.　システムアプローチの観点から考えるIssues-Focused Approachの意義
　　　182
　3.　カリキュラムにおけるIssuesに焦点を当てた探究型学習プロセス　183
　4.　10学年の教科書における重層的なIssuesに基づく内容構成　185
　5.　具体的な学習展開におけるシステムアプローチの事例　188
　6.　おわりに　191

第3章　地理教育にシステム思考を取り入れる………梅村松秀・宮﨑沙織　194

　1.　はじめに　194
　2.　『2030年ESDのためのシステム思考10のステップ』2022（CEE）における
　　　1〜3ステップ　195

3．ステップ1〜3にみるシステム思考の基礎的な段階とメンタルモデル　　201
　　4．おわりに　　204

本書のシステム思考に関わる用語集　　207

あとがき　　209

索　引　　211

第1部

社会問題の解決を目指すこれからの日本の地理教育に向けて

第1章

VUCA 社会に対応し，持続可能な社会の担い手を創る
―― 地理教育への期待 ――

佐藤　真久

1. はじめに

　第1章の前半部分では，持続可能な開発目標（SDGs）(2016-2030) の国際論議と筆者の国際経験に基づいて，(1) 開発アプローチの歴史的俯瞰，(2) 今日的な時代認識について述べることとしたい。次に，(3) 企業，地域などにおいて今日取り組んでいる持続可能性に向けた取組と担い手づくりについて概説する。その後，(4) 今日の担い手づくりにおいて前提となる「学び」と，持続可能な社会づくりにおいて前提となる「問題・問題解決」について，その用語のシフトを述べることとする。後半部分では，(5)「国連・ESD の 10 年」(2005-2014)とその後継プログラム（GAP, ESD for 2030）の政策論議と筆者の国際プログラムへの参加経験に基づいて，持続可能な社会の担い手づくりに向けた知見を共有することとしたい。さらには，VUCA 社会に向き合い，持続可能な社会の構築に向けた探究活動の拡充において，(6)「探究の高度化」，「探究の自律化」，「複雑性に向き合い，学習と協働の連動性を高める探究」について述べ，具体的な探究活動の実施に向けて，(7) W 型問題解決モデル（川喜田，1967），WW型問題解決モデル（佐藤，2020a）を例示する。最後に，これら (1) から (7) における指摘事項を踏まえ，(8) 地理教育への期待を述べることとしたい。

2. 開発アプローチの歴史的俯瞰[1]

　佐藤（2020b）は，SDGs 策定に至る歴史的背景には，「貧困・社会的排除問

第1章　VUCA社会に対応し，持続可能な社会の担い手を創る　　3

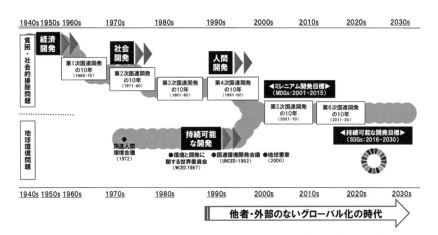

図 1-1-1　開発アプローチの変遷と他者・外部のないグローバル化の時代
（佐藤，2020b, pp. 46-47 に基づき簡略化）

題」の解決にむけた，戦後の経済開発，社会開発，人間開発の流れと，「地球環境問題」の解決にむけた持続可能な開発の流れが合流したものであると指摘し（図1-1-1），グローバルな基本問題である"双子の問題"として，「貧困・社会的排除問題」（人と人）と「地球環境問題」（人と自然）の同時的解決の重要性を指摘している。そして，この大きな2つの流れは，1992年の国連環境開発会議（UNCED）において統合されたとしている。2000年代になると，人間開発アプローチを軸とした国際開発アジェンダ（ミレニアム開発目標：2001-2015, MDGs）が提示され，平和と安全，開発と貧困，環境，人権とグッド・ガバナンス（良い統治），アフリカの特別なニーズなどを課題として掲げ，深刻な開発問題を抱える南アジア地域やサブサハラ・アフリカ地域などの途上国における社会改善に向けた取組が実施された。その後，MDGsからSDGs（2016-2030）へと国際開発アジェンダが変わる中で，直面する問題も変化をしていく。例として，貧困の問題は，貧困の格差の問題へとシフトしていった。人と地域の格差は，先進国におけるグローバル金融，都市への人口集中，地方の町村における人口減などの影響により，途上国や先進国といった国の属性に関係なく，同じ構造の中で問題が急速に深刻化している。そして，気候変動の問題も，自然災害も，エネルギー問題も，貧困の問題も，相互に深く関わっており，「グロ

ーバルで複雑な問題群」を形成している。SDGs が，「貧困・社会的排除問題」（人と人）と「地球環境問題」（人と自然）の連動性に向き合い，途上国，先進国に関係なく，自分ごととして取り組む普遍性があるのは，当然のことと読み取れよう。

■ 3. 今日的な時代認識

　このような，開発アプローチの歴史的俯瞰を踏まえて，佐藤 (2019) は，SDGs の時代背景と世界観，特徴について次のように述べている。SDGs の時代背景については，(1) ミレニアム開発目標 (MDGs：2001-2015) の時代と比較して，世界が直面する問題・課題が大きく変化（貧困から貧富格差へ，気候変動，自然災害，肥満，生物多様性喪失，エネルギー問題，ガバナンス，社会的公正，高齢化など）していること，(2) VUCA（変動性，不確実性，複雑性，曖昧性）の社会への状況的対応が求められている点を指摘している。また，SDGs の有する世界観については，(1) "地球の限界" (planetary boundaries) に配慮をしなければならないという「地球惑星的世界観」，(2) "誰ひとり取り残さない" という人権と参加原理に基づく「社会包容的な世界観」，(3) "変容" という異なる未来社会を求める「変容の世界観」があると指摘している。さらに，SDGs の有する特徴については，(1) "複雑な問題" への対応（テーマの統合性・同時解決性），(2) "共有された責任" としての対応（万国・万人に適用される普遍性・衡平性）を挙げている。とりわけ，「グローバルで複雑な問題群」を形成していることは，世界経済フォーラム (WEF) が示す，グローバルリスクに関する相互連関マップを見ても，その強い関連性を見ることができる。WEF は，グローバルリスクには，経済リスク，社会リスク，環境リスクに加え，地政リスク，技術リスクもあるとし，それらが深く関係しあった構造を提示している (WEF, 2023：図 1-1-2)。これらのリスクは，別個のものではなく，相互に深く関係していることが読み取れよう。

　これらの指摘を踏まえると，改めて，私たちが直面している今日の時代認識として，「グローバルで複雑な問題群」を踏まえる必要があるだろう。そして，

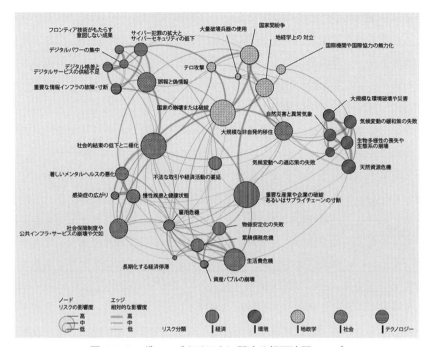

図1-1-2　グローバルリスクに関する相互連関マップ
(WEF, 2023をもとに筆者一部改変)[2]

「地球の限界」に配慮をし，自然資本を基礎とした持続可能な社会の構築を目指すだけでなく，社会的状況も大きく変わる中で，変動性，不確実性，複雑性，曖昧性に向き合うVUCA社会への対応が求められている。[3]

4. 多様な分野・領域における持続可能性に向けた取組と担い手づくり

　持続可能な社会の担い手づくりは，学校だけで行われているものではない。本節では，企業，地域社会の動向を紹介することとしたい。

　企業においては，WBCSD（持続可能な開発のための世界経済人会議）が描いた長期ビジョン（Vision2050）やESG投資，統合報告に向けた取組などによって，

企業は経済的利益だけでなく，多角的・長期的に企業活動が評価されるように
なってきている。2021 年の世界経済フォーラム（通称，ダボス会議）では，社会
的弱者を支え，環境を保全し，新技術に対応したマクロ経済，ミクロ経済，個
人のリセットの重要性が指摘され，「ステークホルダー資本主義」が提示された。
さらに，技術革新，地域開発の見直し，グローバル協調の再生，社会契約・リ
スキル・仕事の再設計，自然環境の回復，持続可能なビジネスモデルの構築な
どを軸にした「グレートリセット」が強調された。今日では，経済・社会・文
化・環境といったさまざまな側面に配慮し，多様な主体との連携・協働に取り
組むことがビジネスの前提条件となり，企業活動そのものが問い直されている。
企業における持続可能な社会の担い手づくりにおいても，これまでの人的資源
から人的資本への発想のシフトが見られており，事業採算性を重視してきた事
業立案から，現場に赴き統合的・多角的観点から状況を把握し事業を構想する
取組や，異質性の高い他者とのコミュニケーション（越境コミュニケーション）
の深化などを通して持続可能な社会の担い手づくりをする取組も見られるよう
になってきている。さらには，人的資本や社会・関係資本などの非財務資本と
財務資本とを統合させ，好循環を生み出す取組（統合報告）も見られる。

　地域社会においては，急速な少子高齢化，地域コミュニティの希薄化，環境
問題など，多くの地域課題が生じており，地域住民の生活スタイルやニーズも
ますます多様化している現状がある。それに加え，グローバルレベルでの感染
症や気候変動，大規模な自然災害などの影響で，地域の工場の突然の閉鎖など，
地域社会にもグローバルな経済社会の状況が大きな影響を与える時代になって
いる。VUCA 社会の到来により，地域でも変動が高く，予想外の，不確実か
つ予測不可能な状況が増えているといえよう。このような状況の中で，参加と
協働を促しながら，地域課題に向き合い，直面する問題を統合的に解決しなけ
ればならない今日があるものの，分野・領域，テーマが縦割りになっているこ
とも多くみられる。とりわけ，地域の自治体が近年進めてきた，公的部門の運
営の合理化を図る新公共管理（NPM）は，地域の潤沢な税収と個別課題解決に
おいては一定の役割を果たしてきたが，地域課題が複雑化し，税収が減り続け
る状況の中では，もはや限界を迎えている。自治体の複数部署，多様な専門家，

課題の現場にいる地域住民などが知恵を持ち寄り，表面化した課題の背景にある構造や人々の考え方まで視野を広げて，真の課題と解決のあり方を模索していく探究プロセスがますます重要になる。状況的に刻々と変化する地域課題に対して，従来の考え方やしくみ，組織だけでは対応できず，外部の人や組織とともに協働しながら，地域の伝統・文化と新しい発想・手法を学びあっていく探究のプロセスは，これまで以上に大切になるといえよう。

　佐藤（2022a）は，学校教育，大学，企業，政府・自治体，地域社会における持続可能な社会の担い手づくりに関する今日的状況を提示しつつ，持続可能な社会の担い手づくりが，VUCA 社会に対応しながらも，学校種や分野・領域，世代を超えて取り組み，社会全体として学習と協働を連動させ，複雑性に向き合う「生涯探究社会」（後述，第7節）の構築が求められている点を指摘している。

■ 5. 求められる前提のシフト[4]

5-1. 求められる「学び」のシフト

　これまでの「学び」は，知識や技能を習得することが目的であった。これからは，習得してきた知識・技能を，協働の場において活かすことにより，活用・発揮することが求められている。社会との関わりの中で自身の資質・能力を育成していくこともまた重要であろう。さらには，未知な状況に挑戦し，失敗を通して自分のものとするような取組や，さまざまな教科の見方・考え方を活用して，社会を見る異なる視点を獲得し，視座を高める取組も必要だろう。これまでの共通の与えられた答えを追求するのではなく，正解がない，正解が複数ある問いとともにある時代において，現時点での自身の内省からの答えを生み出し，他者との対話，コミュニケーションの中で最適解を更新していく取組もまた重要であるといえる。

　「学び」のシフトにおいては，国内外の「持続可能な開発のための教育」（ESD）の議論と経験を活かすことができる。ユネスコは，「ESD における重要な学習プロセス」として，(1) 協働と対話のプロセス，(2) 全体システム（ホールシステム）として参画するプロセス，(3) カリキュラムの刷新を行うプロセス

（教授と学習ともに），(4) 行動的で参加型学習のプロセス，を提示している。さらには，「ESD における重要な学習として」，(1) 批判的な質問の投げかけ，(2) 自身の価値観の明確化，(3) より積極的で持続可能な未来を描くこと，(4) 体系的な思考，(5) 応用的学習による対応，(6) 伝統と革新の間に見られる論理体系の構築などを可能にする学びを提示している（UNESCO, 2011）。さらに，佐藤（2020b）は，「国連・ESD の 10 年」の知見として，(1) 持続可能性にかかる諸側面（環境，社会・文化，経済）の統合的思考の構築，(2) 異なる学習アプローチ（ABOUT：知識・技能伝達，IN：体験，FOR：態度・行動，AS：省察・内発性）の連動性，(3) 社会的学習（協働しながら学び合う），(4) 個人変容と社会変容の学びの連関，(5) 地球市民としての自覚，(6) 持続可能な社会をつくるためのモノの見方（統合的，文脈的，批判的，変容的レンズ），(7) 変容を促すコミュニケーション力，を提示している。

5-2. 求められる「問題・問題解決」に関する用語のシフト

　VUCA 社会に対応し，持続可能な社会の担い手づくりに向けて，発想のシフトを行うには，まず，これまで無自覚に使用していた，用語の定義を無批判なまま受け入れることは，今後の議論や取組に混乱を生み出す。佐藤・広石（2018）は，その論考の中で，「問題・問題解決」に関わる以下の 7 つの用語についての定義・考え方のシフトを提示している。ここでは，シフトすべき 7 つの用語にかかるキー概念について提示することとしたい（表 1-1-1）。

■ 6. 活かすことのできる国内外の ESD の議論と経験

　第 5 節でも若干述べたように，持続可能な社会の担い手づくりにおいて，国内外の「持続可能な開発のための教育」(ESD) の政策論議と国際プログラムへの筆者の参加経験を活かすことができる。国連は，2005 年に「国連・ESD の 10 年」(2005-2014) を開始したが，図 1-1-1 からも読み取れるように，その歴史的背景には，経済開発，社会開発，人間開発の流れを組む人権に基づくアプローチ（human rights based approach）と，1970 年代からの地球環境問題に向

表 1-1-1　「問題・問題解決」に関わる用語の定義・とらえ方に関するこれからのキー概念

用語	キー概念
社会・地域	● VUCA 社会，外部・他者のないグローバル化，相互影響，相互依存
問題	● 主原因を一つに同定できない，複数の原因，問題群としての認識 ● 多様な要素が相互作用するシステム
問題が解決した姿	● システム全体としての対応力の向上（問題が起きづらい構造，起きても対応できる構造の構築） ● 包括的な問題解決，未病の発見，予防・早期発見のしくみ ● 社会システムの変化，順応的ガバナンス
問題解決の進め方	● 問題理解→解決策試行→評価と問題理解の深化→解決策改善（スパイラル） ● 状況的解決策，状況の変化や相互作用の中で問題への理解や解決策の知恵が深まる ● 異なるメンタルモデルの活用，意味の多面性の理解，時間の中での変化に対応 ● 多様な主体・手法の統合・継続的実践
協働	● 状況に対応した役割分担，システム全体の対応力の向上 ● 共に問題を探り，価値を創る，相互依存 ● プロセス（スループット）への配慮，協働ガバナンス
関係性の持ち方	● 構成員の状況的変化・拡大，問題と状況の共有 ● 相互作用の中で全体としての成果を出す ● 互いに助け合い互いに学び，協働を通してともに成長ができる関係
担い手のあり方	● どうあれば成果につながる動きがとれるか（be の重視） ● 他者から学び，自身の経験を学びほぐす（自己認識） ● 受援力，求援力の向上

（佐藤・広石，2018 に基づきキー概念を抽出，一部加筆修正）

き合う持続可能な開発の流れがある。ESD は，この 2 つの流れが合流した結果として位置づけられており，2015 年に国連により決議された SDGs の中核を担うものであることが理解できよう。ESD は，「国連・ESD の 10 年」（2005-2014）の経験を経て，その後の後継プログラムを通して，SDGs の達成を担うもの（enabler）として位置づけられている。

　「国連・ESD の 10 年」はその国連 10 年が終了するものの，その後継プログラム（グローバルアクション・プログラム：GAP，ESD for 2030）において，継続的に ESD に関する知見が蓄積されてきている。その一つとして，ユネスコは，2017 年に『持続可能な開発目標のための教育－学習目的』（UNESCO, 2017）を

10 第1部 社会問題の解決を目指すこれからの日本の地理教育に向けて

表 1-1-2 持続可能性キー・コンピテンシー

●システム思考コンピテンシー	●協働コンピテンシー
●予測コンピテンシー	●批判的思考コンピテンシー
●規範コンピテンシー	●自己認識コンピテンシー
●戦略コンピテンシー	●統合的問題解決コンピテンシー

(UNESCO, 2017 より)

発表し，その文書の中で，持続可能な社会の担い手に求める資質・行動様式として「持続可能性キー・コンピテンシー[6]」を提示した（表1-1-2）。

「持続可能性キー・コンピテンシー」は，論理的思考やコミュニケーションなど，従来の資質能力を否定するものではなく，むしろそれらを基礎的なコンピテンシーとして位置づけた上で，上述する「持続可能性キー・コンピテンシー」（表1-1-2）を身につけることで，VUCA 社会に対応し，持続可能な社会の構築に向けて，より統合的な問題解決を促していく力としてとらえることができよう。そして，これらの「持続可能性キー・コンピテンシー」（表1-1-2）は，すべて他者との協働が前提である点，社会・情動的知性（SEI）の獲得（例：マインドフルネス，共感，寄り添い，批判的探究）に基づくものである点を踏まえる必要がある（佐藤，2020c）。社会における協働的な取組を通して，多様な主体とのコミュニケーションを深め，統合的・多義的に考え，行動すること自体が，「持続可能性キー・コンピテンシー」を高めることにもつながるため，社会変容と個人変容の連動（「国連・ESD の 10 年」の知見として，前述）を促す好循環が生まれるといえよう。

■ 7. VUCA 社会に向き合い，持続可能な社会の構築に向けた探究活動の拡充に向けて

7-1.「探究の高度化」と「探究の自律化」

学校教育では，周知のとおり，学習指導要領において「持続可能な社会の担い手づくり」という用語が使用されただけでなく，主体的・対話的で深い学びを重視した大きな教育改革が行われている。とりわけ，探究活動についてその

重要性が指摘されており，「探究の見方・考え方を働かせ，横断的・総合的な学習を行うことを通して，自己の在り方・生き方を考えながら，よりよく課題を発見し，解決していくための資質・能力を育成」することを目的に，(1) 探究の過程において課題の発見と解決に必要な知識および技能を身につけ，課題にかかわる概念を形成し，探究の意義や価値を理解するようにする，(2) 現実の世界と自己とのかかわりのなかから問いを見いだし，自分で課題を立て，情報を集め，整理・分析して，まとめ・表現することができるようにする，(3) 探究に主体的・協働的に取り組むとともに，互いのよさを生かしながら，新たな価値を創造し，よりよい社会を実現しようとする態度を養うための教育課程の充実（文部科学省，2018a）が，小中高といった校種を超えて期待されている。

　探究活動は，ただ探究のサイクル（課題の設定，情報の収集，整理・分析，まとめ・表現）を回せばいいのではなく，持続可能な社会の構築に向けて，その視点を得て，視座を高めるといったスパイラル・アップに向けた取組を充実していくことが求められている。「総合的探究の時間」においても，「探究の高度化」と「探究の自律化」が求められており（表1-1-3），「探究の高度化」においては，探究活動の整合性や効果性を高めるだけでなく，その掘り下げ（鋭角性）やその広がり（広角性）も重要視されている。一方，「探究の自律化」では，社会課題を自分ごととしてとらえ（自己課題），その探究過程そのものを自身の力で進め（運用），知見を活用して社会に関わり続ける（社会参画）ことが重要視されている。

表 1-1-3　探究の高度化・探究の自律化

探究の高度化	探究の自律化
●探究において目的と解決の方法に矛盾がない（整合性） ●探究において適切に資質・能力を活用している（効果性） ●焦点化し深く掘り下げて探究している（鋭角性） ●幅広い可能性を視野に入れながら探究している（広角性）など	●自分にとって関わりが深い課題になる（自己課題） ●探究の過程を見通しつつ，自分の力で進められる（運用） ●得られた知見を生かして社会に参画しようとする（社会参画）など

（文部科学省，2018a より）

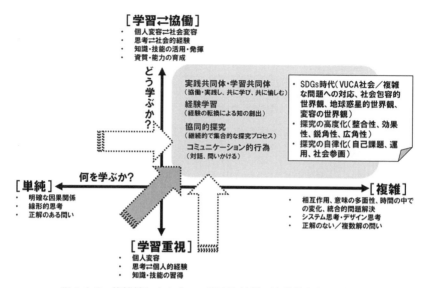

図 1-1-3　複雑性に向き合い，学習と協働の連動性を高める探究
（佐藤，2022a に基づき一部加筆修正）

7-2. 複雑性に向き合い，学習と協働の連動性を高める探究へ

　佐藤（2022a）は，VUCA 社会に対応し，持続可能な社会の構築においては，学習と協働の連動性を高めることによる「探究の高度化」と「探究の自律化」を通して，課題解決・価値共創を目指す「生涯探究社会」の構築が求められている点を強調している。そして，これまでの教科を基礎とし，個人の学びを主とした取組（第三象限）を基礎としつつも，より複雑性に向き合い，学習と協働の連動性を高める取組（第一象限）の重要性を指摘している（図1-1-3）。

7-3. W 型問題解決モデル

　このような探究活動を深める際，川喜田（1967）が提示する W 型問題解決モデルが参考になる（図1-1-4）。川喜田は，探究活動を実施する際において，(1) 思考レベルと経験レベルを分けその反復を促すこと，(2) 仮説に基づく実験・観察の実施，仮説の検証を行う（E から H）探究プロセスの前に，探検を通した観察の実施，発想を生み出すこと（A から D），(3) これらの探究プロセスをス

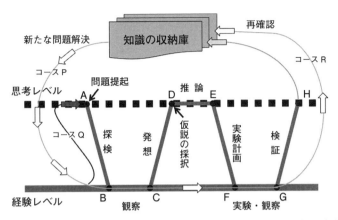

図 1-1-4　思考レベルと経験レベルの往還，探検から始まる探究活動（W 型問題解決モデル）
（川喜田，1967，1970 に基づく）

パイラルで構築することにより，知見を蓄積しつつ，新たな問題解決へ取り組むことの重要性を指摘している。

7-4．WW型問題解決モデル

　佐藤（2020a）は，川喜田（1967）のW型問題解決モデルを基礎とし，複雑な社会課題の解決には，「システム思考」（IからL）と「デザイン思考」（MからP）を組み入れたWW型問題解決モデルの重要性を指摘している（図1-1-5）。VUCA社会に対応し，持続可能な社会を構築するには，複雑性に向き合う「システム思考」と，変化のなかで社会を構想する「デザイン思考」が重要であり，他者との協働を前提とした思考レベルと経験レベルの反復が重要であるとしている。地域の複雑な課題解決に取り組むためには，社会課題を線形的な思考でとらえるのではなく，さまざまな事象が相互に作用し合っていること，多面的側面を有していること，時間経過の中で事象が変化をしていることなどを理解し，課題解決の糸口を探す必要がある。さらには，統合的な問題解決にむけて全体的な視点を有することが求められているといえよう。このように「システム思考」に基づく探究活動が求められているだけでなく，他者との協働の中で，ありたい社会を描き，社会を構想するといった「デザイン思考」に基づく探究

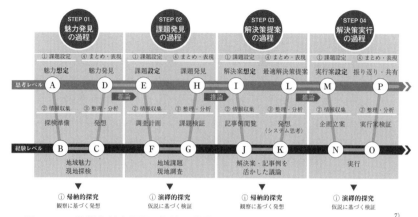

図 1-1-5　複雑な社会課題の解決に挑戦する探究活動（WW型問題解決モデル）[7]
（佐藤，2020a より）

活動もまた求められている。

7-5．探究の多義性

　佐藤（2022b）は，探究に関する論考において，探究活動には多義性があると指摘している。探究活動は，一般的に，科学的探究アプローチを活用するといった「手段としての探究」として扱われている傾向があるが，「探究の自律化」（表1-1-3）でも指摘がなされているように，探究課題を自己課題化し（自己課題），社会に関わり続ける（社会参画）ことも求められている。つまり，探究の内発性を尊重するとともに，参加と協働を保障するといった「権利としての探究」も存在する。さらには，W型問題解決モデル（川喜田，1967）やWW型問題解決モデル（佐藤，2020d）のように，自身の探究プロセスを見通しつつ，自身の力で進めること（運用）も求められている。つまり，探究的運用能力を獲得するといった「目的としての探究」も存在するといえよう。今後，探究活動において，その取組を多義的にとらえ，自身の取組がどのような探究活動を意図しているかについて自覚することが，「探究の高度化」，「探究の自律化」に資するものになるといえよう。

第 1 章　VUCA 社会に対応し，持続可能な社会の担い手を創る　　15

■ 8. VUCA 社会に対応し，持続可能な社会の担い手を創る
　　 地理教育への期待

8-1. 人文地理学と自然地理学の連動性をさらに高めた地理教育の実践

　第 2 節「開発アプローチの歴史的俯瞰」では，「貧困・社会的排除問題」の
解決に向けた，戦後の経済開発，社会開発，人間開発の流れと，「地球環境問
題」の解決に向けた持続可能な開発の流れが合流してきている点を述べている。
地理学は，人文地理学（人と人）と自然地理学（人と自然）の両方を扱ってきて
いる点に特徴がある。言い換えれば，貧困・社会的排除問題（人と人）と地球
環境問題（人と自然）の両方を扱うことができる教科であるともいえる。2007
年地理 ESD ルツェルン宣言[8]で提示されている「人間 – 地球」エコシステム概
念においても，「地球システム」と「人間システム」の架橋性が指摘されてい
るだけでなく，新学習指導要領（2018 年）でも，地理的見方・考え方の 1 つと
して，「人と自然環境との相互依存関係」を挙げており（文部科学省，2018b），
まさにその接点を読みとることができよう。

　さらに，阪上（2019）は，他国の地理教育スタンダード，ルツェルン宣言，
ユネスコ等を示す国際的な ESD に関する指針を踏まえて，主として「地理総
合」におけるシステムの観点を検討し，今後の地理学習の目標として「持続可
能な社会の担い手づくり」を視野に入れ，地理的事象を人文と自然の観点から
システム的にとらえる地理学習が目指されていることを指摘している。また，
山本（2019）は，2000 年代のドイツ語圏において，地理の統合性（自然地理と人
文地理の分断に対して）に関する議論が再燃したとし，分野をまたぐ領域として
「社会 – 環境研究」を位置づけた「第三の杜」モデルが示され，その後の地理
教育スタンダード（DGfG, 2006）へと引き継がれたとしている。さらに山本は，
Armin Rempfler らが，「社会 – 環境研究」と同等のアプローチを採用してい
る「社会生態学」について言及し，その言説におけるシステムに関する諸概念
（開放性，オートポイエーシス，モデル化，複雑系，非線形，ダイナミズム，創発，
境界，自己組織化臨界，限定的予測と調整）を提示している（山本，2016）。今後，
開発アプローチの歴史俯瞰を踏まえた際，このような地理の統合性，学習項目

16 第1部 社会問題の解決を目指すこれからの日本の地理教育に向けて

間の架橋性に関する更なる議論と具体的な実践が求められているといえよう。

8-2. 問題解決の外部化・他者化をしない地球市民としての地理教育の実践

　佐藤 (2020b) は，日本にとって SDGs に唐突感があるのは，世界レベルの問題解決を，途上国にその問題解決を任せていたこと (問題解決の外部化・他者化) によるものであると指摘している。問題解決の外部化・他者化に限界がでてきた時期は，1980 年末葉にさかのぼる。1980 年末葉に見られた「経済のグローバル化」は，人間生活のあらゆる領域の市場化 (商品・貨幣世界化) をもたらし，「外部・他者のないグローバル化の時代」[10]へとシフトをしてきている。「外部」は，人間にとっての自然を意味し，「他者」は，自身 (先進国，日本，都市，男性，大人，現代世代など) にとっての他者 (途上国，日本国外，農村，女性，子ども，未来世代など) を意味する。これまでの，自身だけ (先進国，日本，都市，男性，大人，現代世代など) よければいいという発想ではもはや通用しない。[11]「外部・他者のないグローバル化の時代」へと変化をしていくなかで，「問題解決の外部化・他者化をしない地理教育」，換言すれば「地球市民としての地理教育」へと，考え方と実践アプローチを大きく変えていくことが求められている。国際地理学連合 (IGU) の地理教育委員会 (CGE) が 1992 年に提唱した「地理教育国際憲章」には，地理教育が市民性の育成に不可欠である点が指摘されており (国際地理学連合・地理教育委員会編，1993)，また，ユネスコの国際論議においても多元的・多層的な地球市民教育 (GCED) に関する議論が深められている[12]。今後，これらの指摘や議論を連動させたうえで，「地球市民としての地理教育」を深めていくことが求められている。

8-3. 持続可能性に関する諸領域，時間軸，今日の取組との連動性を高めた地理教育

　第3節「今日的な時代認識」での指摘の通り，SDGs の時代背景と世界観，特徴を踏まえた地理教育の実践が期待される。さらには，「グローバルで複雑な問題群」に向き合う地理教育，「グローバルリスクの相互連関」に向き合う地理教育の実践が期待されている。地理教育システムアプローチ研究会 (2021)

が報告しているように，関係構造図の作成を通した地理教育の実践においても，4つの自然圏（生物圏，大気圏，水圏，岩石圏），5つの人類圏（人口，心理，社会，技術，経済）からなる圏・領域で事象や課題を整理することは，人と人，人と自然の相互依存関係を可視化させる点において有効な手段になるだろう。今後は，これらの思考ツール（システムループ図，ストック＆フロー図，開発コンパス，関係構造図含む）の活用を通して，「関係」と「構造」の可視化，将来予測・解決策の導出を深めるだけでなく，より中長期的でグローバルな文脈を含んだ展望，機会とリスクを取り扱う地理教育の実践も求められている。高等学校必履修科目「地理総合」では，「C 持続可能な地域づくりと私たち―(1) 自然環境と防災」が学習項目として提示された。VUCA 社会における展望，機会とリスクの認識は，今日ますます重要になることを踏まえ，「関係」，「構造」，「機能」を時間軸でとらえる「過程」に配慮をした地理教育が重視されるといえよう。

　実践面においては，中村（2016，2019）が，国立教育政策研究所の指摘する ESD の内容群（人間の尊厳，将来世代への責任，人と自然の共生，経済的・社会的公正，文化の多様性・尊重）（国立教育政策研究所，2010）に加えて，「危機管理・危険回避」の追加を提案し，高校地理学習における単元「防災」「防犯」の開発・実践を試みている。システムアプローチは，「関係」，「構造」，「機能」だけではなく，このような「過程」（過去，現在，将来という時間軸において，「関係」，「構造」，「機能」が変化すること）についても，今後，より深く取り扱うことが必要であろう。第4節での指摘の通り，今日では，多様な分野・領域・主体において，持続可能な社会の構築に向けた日進月歩の取組と担い手づくりが見られる。経済面（不経済の内部化，ESG 投資，統合報告など），環境面（脱炭素，自然共生・自律分散，循環経済など），社会面（包摂社会，社会ケアシステム，文化保護・継承など），技術面（サイバーセキュリティ，デジタル格差是正など），地政面（援助協調，政策対話など）など変化しつつある社会的状況を踏まえ，持続可能な社会の構築に挑む多様な主体と連携した地理教育の実践が期待されている。

8-4．地理教育における「学び」と「問題・問題解決」の前提のシフト

　地理教育においても，現代社会の諸課題に対して，解決を目指し，方策や理

念を提案していくことが示されている。「学び」や「問題・問題解決」の姿，持続可能な社会の構築など，用語に付随する前提をシフトしていくことをしない限り，今後の議論や取組に混乱をもたらす。Schwartz and Ogilvy (1979) は，物理学，化学，生態学，進化論，哲学，など多岐にわたる学問領域においてパラダイムの転換が起きていることを指摘し，これまでの主流のパラダイム（簡潔，階層的，機械論的，決定論的，因果関係，組み立て的，客観的）に対して，これからのパラダイム（複雑，異種的，全体論的，不確実的，相互依存関係，形態発生的，遠景的）を提示している。宮﨑 (2021) も，カプラ (1995) やパイク・セルビー (1997) の指摘に基づき，機械論的パラダイムとシステム論的パラダイムの特徴の比較を提示している。そしてシステム論的パラダイムの特徴において，全体性，非線形的ループ，動的，複雑性，マルチレベルの「構造」，人間や社会が組み込まれた自然システム，などをキーワードとして提示している。さらに近年では，Fox and Gibson (2013) は，(1) 単純の問題 (simple：明確な解決策を有した明確な問題) から，(2) 複雑性のある問題 (complex：問題と解決策は不明確であるものの時間を経て理解されるもの) を超えて，(3) 厄介な問題 (wicked：問題と解決策は理解されておらず，定義しようとしても変化し続けるもの) へと問題認識がシフトしてきている点を指摘している。まさに，互いに問いかけを繰り返すなかで最適解を更新するといった，他者とのコミュニケーションを通して探究を深め，合理性を獲得することの重要性を読みとることができる。

　パラダイムの転換とは，このように言葉や行動の意味づけが変わるということであり，日々使用している用語の意味が変わることを自覚する必要がある。広石 (2020) は，持続可能なパラダイムへの用語の意味のシフトを提示しており，本章でも取り扱った「学び」，「問題」，「問題解決」という用語だけでなく，「予測」，「規範」，「戦略」，「協働」，「組織構造」，「社会構造」などの用語の意味のシフトを提示している。地理教育においても，日々使用している用語の意味に向き合い，VUCA社会に対応し，持続可能な社会を構築するという文脈において，他者とのイメージ・用語に関する前提の共有，ありたい姿について議論を深めることが求められている。

8-5. 「ESD の知見」を活かした地理教育

第6節「活かすことのできる国内外の ESD の議論と経験」での指摘のとおり，地理教育の実践において，ESD の知見を活かすことができる。「ESD における重要な学習プロセス」などの知見（前述），「国連・ESD の 10 年」やその後継プログラムの知見（前述）などだけでなく，筆者の国際プログラムへの参加に基づく「国連・ESD の 10 年」の知見[13]，SDGs における ESD の立ち位置や，持続可能な社会の担い手に求める資質・行動様式として「持続可能性キー・コンピテンシー」（UNESCO, 2017）なども活用できよう。中山ほか（2011）は，「国連・ESD の 10 年」（2005-2014）における前半期までの知見と，初等・中等・高等教育における持続可能な開発のための地理教育カリキュラム開発について政策・理論・実践，国際的議論（1992 年地理教育国際憲章，2007 年地理 ESD ルツェルン宣言含む）とを関連づけて，その論考をまとめている。UNESCO MGIEP（2017）は，地理学・地理教育における指導原則や指導方法，思考方法などについて整理をしているだけでなく，これまでの一連の ESD の議論を踏まえ，地理学・地理教育が貢献できるものとして，(1) 現代社会や持続可能な開発の問題に関する構造的・全体的な把握に資する，(2) 地理学的事象に関する当事者の有する価値観や利害関係の把握に資する，(3) 場所，空間，スケール，環境といった地理的概念の構築に資する点を提示している。このような，ESD の知見を活かした地理教育の実践が期待される。

泉（2019a）は，チョコレートを題材とした地理授業実践を報告しているが，システム思考を活かすことによる「システムの認識」だけでなく，「システムに対する行動」として，「個人の変容を促す能力」の向上と，社会参加を通した「社会の変容を促す能力」の向上に向けた授業実践に挑んでいる。まさに，ESD の知見（第5節）として指摘されている「個人変容と社会変容の学びの連関」を踏まえたものとなっている。このように，ESD の知見は，教授と学習に対する方向性を提示しているだけでなく，地理学・地理教育の見方・考え方に基づく具体的な方法論や指導指針としても活用ができる。ESD グローバルアクション・プログラム（GAP）における指摘（批判的でシステミックな思考，協調的意思決定，現在および将来の世代に対する責任を果たす）や，ESD for 2030 で

20　第1部　社会問題の解決を目指すこれからの日本の地理教育に向けて

の指摘（気候変動・生物多様性，ユースの参画，変容を促す行動，構造的変容，技術革新）などの指摘[14]も，「グローバルで複雑な問題群」に向き合い，社会の「構造」をとらえ，変容に挑む点において，地理教育におけるシステムアプローチとの連動性が見られる。

8-6.「グローバル地理教育」の拡充

　小関は，自身のウェブサイト『地球市民を育む学習』[15]において，地球市民教育の文脈において，これまでの (1) 自国中心のものの見方（自分たちの世界とその他の世界という見方で世界をとらえる，自国のものの見方が出発点），(2) 国際的なものの見方（世界は国家の集合体として認識され，各国の違いにも目が向けられる，自国のものの見方が出発点）に加えて，(3) グローバルなものの見方（地球全体を一つのシステムとして把握する，地球全体を視野に入れ，国益を超えた地球益の発想から物事が判断される）の重要性を指摘している。「問題解決の外部化・他者化をしない地理教育」（地球市民としての地理教育）は，「自国中心のものの見方」に基づく地理教育や，「国際的なものの見方」に基づく地理教育を超えて，どのように「グローバルなものの見方」で，地理教育を深め実践していくかについてもさらに深く検討をしていくことが求められている。

　グローバルな視野にたった最近の地理教育における授業実践では，河合 (2019) によるオゾンホールを題材とした実践報告や，中村 (2023) によるアムール川流域／親潮域を題材とした生態・空間関係図の作成に基づく実践報告，泉 (2019a) による開発コンパスと関係構造図を活かしたチョコレートに関わる諸課題の相互依存関係の理解に関する実践報告，泉 (2019b) による開発コンパスと関係構造図を活かしたスマートフォンに関わる諸課題の相互依存関係の理解に関する実践報告，などが見られる。これらの実践報告は，これまで自国中心のものの見方に基づく地理教育や，国際的なものの見方に基づく地理教育を超えて，行政区分（国境や州境など）を超えたグローバルな視座を高める「グローバル地理教育」の拡充に資するものと思われる。今後，このような気候変動，渡り鳥問題，大気汚染問題，国際河川問題，生物多様性の喪失，自然災害リスクなどの「環境リスク」のみならず，グローバルな生産・調達・消費や累積債

務問題，雇用危機などの「経済リスク」，社会的分断やメンタルヘルスの悪化，グローバル感染症の広がりなどの「社会リスク」に加えて，大量破壊兵器の利用や国家間紛争，地政学的対立などの「地政リスク」，サイバー犯罪や誤報・偽情報，デジタル格差などの「技術リスク」などもグローバルな視野でとらえ，それらのリスクの連動性の理解を深めることが求められている。このような，越境する問題やリスクを取り扱うことは，人間と自然環境の相互依存関係，人間社会の空間的相互依存作用に関する理解を深め，高等学校必履修科目「地理総合」における「B 国際理解と国際協力」と「C 持続可能な地域づくりと私たち」の学習項目の連動性を高める授業実践にも貢献するといえよう。さらに，「グローバルなものの見方」は，上述したようなこれまでの諸事象や諸課題の「関係」，「構造」，「過程」を把握することを目的とした取組だけでなく，今後は，(1)「関係」の度合いについてとらえる「関係性」，(2)「構造」のパターンをとらえる「パターン認識」，(3)「機能」を多義的，度合いについてとらえる「多機能性」，(4) 未来像から時間をとらえる「過程」を取り扱う「バックキャスティグ」なども重要な取組であろう。

　上述のような諸事象や諸課題を取り扱うだけでなく，我々自身がそれらに向き合う「規範性」に関する取組もまた重要である。ユネスコにより設置された「21 世紀国際委員会」は，21 世紀の教育や学習の在り方について検討し，報告書（1996 年発表，通称，ドロール報告書）を発表した。当該報告書の中では，21世紀の生涯学習社会において克服すべき 7 つの文化的対立・緊張として，(1)世界的なものと地域的なものとの緊張，(2) 普遍的なものと個人的なものとの緊張，(3) 伝統と現代性との緊張，(4) 長期的なものと短期的なものとの緊張，(5) 競争原理と機会均等の配慮との緊張，(6) 知識の無限の発展と人間の同化能力との緊張，(7) 精神的なものと物質的なものとの緊張，を挙げている (International Commission on Education for the Twenty-first Century, 1996)。さらに，佐藤 (2020d) は，(8)「人工知能（AI）と人間の知性」を加えた 8 つの文化的対立・緊張を指摘しており，「グローバルなものの見方」としての学びの重要性を指摘している。このような「グローバルなものの見方」についての教育は，地球市民教育やグローバル教育での知見の蓄積が見られるが，今後，地理教育

においても，これまで以上に期待されているといえよう。「規範性」に基づく「グローバルなものの見方」は，これまでの「人間中心の開発アプローチ」を超えて，「地球中心の開発アプローチ」（UNESCO, 2021）に資するものであるといえよう。

8-7.「探究の高度化」,「探究の自律化」を高める地理教育の拡充

　地理教育におけるシステムアプローチは，「探究の高度化」に貢献する探究アプローチの一つであるといえる。システムアプローチは，「関係」を把握するためのツールとして，システムループ図やストック＆フロー図を活用したり，「構造」を意識して考えるためのツールとして，開発コンパスや関係構造図を活用している（地理教育システムアプローチ研究会, 2021）。高等学校必履修科目「地理総合」においては，持続可能な社会づくりや，人間と自然環境の相互依存関係などを取り扱っており，空間的，地域的，場所的な理解を深めるだけでなく，「グローバルで複雑な問題群」を生み出している「関係」と「構造」の理解を促す上で「探究の高度化」（整合性，効果性，鋭角性，広角性）に大きな貢献をもたらしている。その一方で，このようなアプローチを活用することにより，どのように自身にとって関わりが深い課題にしていくのか（自己課題），どのように探究の過程を見通しつつ，自身の力で進められるようにしていくのか（運用），どのように得られた知見を生かして社会に参画し続けていくのか（社会参画）などの「探究の自律化」については，多くの課題が残されている。

　このように，地理教育の実践においても，「探究の高度化」だけに依らない，「探究の自律化」が求められている。これは，(1) 手段としての探究（科学的探究アプローチの活用）だけに依らない，(2) 目的としての探究（探究的運用能力の獲得），(3) 権利としての探究（探究の内発性，参加と協働の保障）といった，「探究の多義性」（第 7 節，探究の多義性，前述）にも応えるものであるといえよう。

8-8.「W 型問題解決モデル」,「WW 型問題解決モデル」の活用

　地理教育において，「W 型問題解決モデル」,「WW 型問題解決モデル」の活用は大きく期待ができる。「W 型問題解決モデル」（川喜田, 1967）で指摘がな

されているような，(1) 思考レベルと経験レベルの往還，(2) 探検モードを基礎
とした探究プロセスの構築が期待されている。高等学校必履修科目「地理総
合」では，「A 地図や地理情報システムで捉える現代世界」が大項目として立
てられた。現場の地域研究などにおける地誌学的側面や，GIS やリモートセン
シングなどを含む地図学的側面も活かすことにより，異なる地理学的アプロー
チの活用が期待できよう。さらに，「WW 型問題解決モデル」(佐藤，2020a) では，
フィールド探検に基づく探検モードとの連動性を高め (図 1-1-5：A から D)，
地域という複雑性の高い状況における地域研究を通して，課題発見をし (E か
ら H)，統合的解決策を提案し (I から L)，統合的解決策を実行する過程 (M か
ら P) は，地理学における人文地理学的アプローチ，自然地理学的アプローチ，
地誌学的アプローチ，地図学的アプローチの統合をも可能にするといえよう。

　フィールドワークを通した野外調査・地域調査については，池 (2022) によ
る 3 類型 (見学型，作業型，探究型)，桜井 (1999) による 5 類型 (ルート型，仮説
検証型，課題追求型，調査・作業中心型，未来予測型)，宮本 (2012) による 4 類型
(教師主導型巡検，学習課題追求型，作業中心型・提案型，融合型) などがあるが，
ここで提示する「W 型問題解決モデル」，「WW 型問題解決モデル」は，これ
らの調査方法が時間軸の中で位置づけられている探究プロセスであることが読
みとれる。小河 (2019) は，高等学校必履修科目「地理総合」における「C 持
続可能な地域づくりと私たち─ (2) 生活圏の調査と地域の展望」の文脈におい
て，地域調査とシステム思考の連動性を高めた地理授業実践を報告している。
そして，システム思考で地域的諸課題をみることの効果として，課題解決に向
けた提案をそのまま受け入れず，その課題解決による影響まで考慮した思考が
可能になると指摘している。まさに，ここに，VUCA 社会に対応した「WW
型問題解決モデル」との接点が読み取れ，地理教育実践における「システム思
考」(図 1-1-5：STEP-3) の有効性を見出すことができる。

　とりわけ，統合的解決策を提案 (I から L) する過程では，システムアプロー
チを最大限に活用できる。「システム思考」は，「関係」や「構造」の理解とい
った全体像を把握，相互依存性の認識を高めることに貢献するだけでなく，時
間の中での変化をとらえる「過程」の理解も可能にする。さらには，他者との

協働により，異なるメンタルモデルを活用することによる意味の多面性の理解，統合的問題解決に関する向き合い方を深めることにもつながるだろう。今日の「システム思考」を活用した地理教育の授業実践では，(1) 関係構造図を中心に，さまざまな種類の思考ツールが用いられていること，(2) 諸事象や諸課題の関係性を理解し，問題の「構造」を把握することのみにとどまらず，解決のための手立てについて考察していることが主であると山本・泉 (2019) は指摘している。今後は，(1) 事象の「関係」の把握，時系列変化グラフの作成によるパターン認識，関係構造図や因果ループ図の作成による「構造」と「機能」の理解を促すもの (状況認識・把握のためシステム思考，「探究の高度化」を促すツール) としてだけでなく，(2) 生徒自らが互いに問いかけ合うためのファシリテーション技術としても機能させることより，意味の多面性を理解し，言語活動を通して自己課題化，社会参画を促すことにも貢献するだろう。さらには，探究の過程を運用するノウハウの向上にも貢献するといえる。まさに，「システム思考」は，「探究の自律化」を促すツールにもなりうるといえる。

　一方，統合的解決策を実行する過程 (M から P) では，地域の未来を描いたり，ありたい社会を構想するといった「デザイン思考」の活用もまた必要とされている。将来予測・解決策の導出 (システミックな探究) は，山本 (2021) が示すシステムアプローチにおける思考ツールの活用ステップのステップ 2 として (参考として，ステップ 1：「関係」と「構造」の可視化) 提示されているが，この指摘は，これまでの事象に見られる「関係」と「構造」，「機能」を前提としている。しかしながら，第 3 節でも指摘をしたとおり，VUCA 社会に直面するなかでは，過去と現在の知見の応用による「あるべき社会」「ありうる社会」の構築だけでなく，自身が未来に求めたい「ありたい社会」の構築もまた求められている。「デザイン思考」は，ありたい姿のアイデアを創出し，ありたい姿においてどのように他者や自然が関わっているかをイメージし，逆算して考える思考法である。そして，「デザイン思考」は，現場における他者との協働による具体的な取組を通して，他者との共感や，潜在的ニーズの把握，アイデアの創出，試作，実践に基づくフィードバックが求められている。これは，「システム思考」が大切にしている過去・現在の姿を「関係」と「構造」，「機能」

第1章　VUCA 社会に対応し，持続可能な社会の担い手を創る　25

で認識し，有する資源，機会，能力を持ち寄り，どのように課題を統合的に解決すればいいのかを論理的に考える思考とは大きく異なる。

　『中学校学習指導要領解説　社会編』（文部科学省，2017）では，地理的学習項目「C 日本の様々な地域—(4) 地域の在り方」において，持続可能性に着目した構想の重要性，持続可能な社会をつくるために従来とは異なる考え方や，先例に捉われない理念を打ち立てる方法の重要性が指摘されている。「デザイン思考」は，まさに「構想」を意味し，これまでの地理教育では十分に意識されていない考え方であるといえよう。日本における地理教育において，「デザイン思考」に関する論考が1件（鈴木・黒田，2021）しか見られないものの，今後の日本の地理教育における「デザイン思考」活用の可能性を述べている論考も見られる。由井（2018）は，「地理総合」を資質・能力の3本柱（知識・技能，思考力・判断力・表現力等，学びに向かう力・人間性等）から整理しており，「システム」に関する観点（地球規模の自然システムや社会・経済システムに関する理解など）だけでなく，課題解決にむけて「構想する力」の重要性を指摘している。まさに，「構想」は，デザイン思考が内在化された概念であり，今後，地理教育におけるシステム思考とデザイン思考の連動性を高めることの重要性を指摘している。また，フィールド科学に基づく STEM（E-STEM）[17] などの知見を生かすことにより，「フィールドを活かし（Environment），科学的な方法（Scientific methods）で，技術を活用しながら（Technology use），工学的デザインプロセス（Engineering design process）を通して，数学的な意味づけをする（Mathematical reasoning）実践」が期待できよう。このように，今後，地理教育においても，「システム思考」を活かすだけでなく，「デザイン思考」も活かすことにより，VUCA 社会に対応しつつも，我々自身が社会を構想することを通して，ありたい持続可能な社会の構築に資するものになるといえる。

■ 9. おわりに

　本章では，「VUCA 社会に対応し，持続可能な社会の担い手を創る〜地理教育への期待」と題して，さまざまな国際的動向に基づく知見を紹介し，その知

見に基づく地理教育への提案，期待を述べたものである。VUCA 社会への対応，持続可能な社会構築，持続可能な社会の担い手づくりに関する国際的論議が，新たな地理教育の地平を生み出す可能性を有している。本書の各執筆者の論稿や実践事例と併せて，本章の理解を深めていただければ幸いである。

注

1) 開発アプローチの歴史的俯瞰については，佐藤（2020b）に詳しい。
2) 筆者によりグレースケールへ変更。
3) 今日では，より自然資本を強化した社会のあり方として，これまでの社会・環境を維持するという考えではない，再生（regeneration）という言葉が使用されている。
4) さまざまな前提のシフトについては，佐藤・広石（2018）および佐藤（2020b）に詳しい。
5) 詳細については，佐藤（2020c）を参照されたい。
6) コンピテンシーに関する議論は，UNESCO だけによるものではない。森・佐藤（2022）は，その論考において，サステナビリティ・トランジッションに求められる能力として，Wiek らや UNESCO の提示する「持続可能性キー・コンピテンシー」，OECD の提示する「トランスフォーマティブ・コンピテンス」，国立教育政策研究所や北米環境教育学会における研究成果をレビュー，考察している。
7) ［STEP03：解決策提案の過程］における［I-J：記事欄閲覧］は，事例に内在するストーリーを紐解くことを通して相互作用，意味の多面性，時間の中での変化について理解を深めることを意味する。
8) ルツェルン宣言（2007 年）に内在されるシステム観，学習方法については，近年の関連取組の動向を踏まえて，梅村（2019）が考察している。
9) 「問題解決の外部化・他者化」については，佐藤（2023）に詳しい。
10) 「外部・他者のないグローバル化」については，鈴木・佐藤（2012）に詳しい。
11) この考え方は，NIMBY（Not In My Back Yard）と言われ，1980 年代からその用語が使用されている。NIMBY は，自身の居住地域には，忌避施設，迷惑施設，嫌悪施設は建てないでほしいという意味あいを表現しているが，逆に考えれば，自身の属する場所・環境とは関係ない場所であればどうでもいいことを意味する。1980 年代末葉の経済のグローバル化は，これまで他者・外部化していたものを内部化しなければならないことを意味しており，自身の属する場所・環境を超えた世界的視野をもつことの重要性を読み取ることができる。
12) 例えば，佐藤（2014）を参照されたい。
13) 「国連・ESD の 10 年」の国際的知見については，佐藤（2016）に詳しい。
14) 「国連・ESD の 10 年」の後継プログラムにおける知見は，佐藤（2022c）に詳

しい。
15) 小関「グローバルなものの見方」(https://www.tokiwa.ac.jp/~oseki/lesson/global-wo.html)（最終閲覧日 2024 年 1 月 8 日）
16) CiNii において，検索語「デザイン思考」∩「地理」で検索（2024 年 1 月 10 日実施）。
17) 佐藤・熊野 (2017) は，米国における E-STEM の動向と事例研究を行っている。

引用・参考文献

池俊介編著 (2022)『地理教育フィールドワーク　実践論』学文社.

泉貴久 (2019a)「システム思考に基づいた高等学校地理における地球的課題の解決と社会参加を目指した授業実践—単元「チョコレートから世界が見える」を通して」『地理科学』74.3，pp. 180-191.

泉貴久 (2019b)「システム思考及びマルチスケールの視点を活用した高等学校地理授業実践の成果と課題—単元「スマートフォンから世界が見える」を通して」『新地理』67.1，pp. 28-53.

梅村松秀 (2019)「「持続可能な開発のための地理教育に関するルツェルン宣言」の再読—「人間－地球」エコシステムが提起すること」『地理科学』74.3，pp. 116-126.

小関一也，「グローバルなものの見方」https://www.tokiwa.ac.jp/~oseki/lesson/global-wo.html（最終閲覧日 2024 年 1 月 8 日）.

カプラ，F. 著，吉福伸逸・田中三彦・上野圭一・菅靖彦訳 (1995)『新ターニングポイント』工作舎.

河合豊明 (2019)「システム思考で地球的課題を考察する—オゾンホールを題材とした地理授業実践」『地理科学』74.3，pp. 171-179.

川喜田二郎 (1967)『発想法』中央公論新書，pp. 3-24.

川喜田二郎 (1970)『続・発想法』中央公論新書，pp. 16-23.

小河泰貴 (2019)「システム思考を用いた地域的諸課題の考察—地域調査の実践を通して」『地理科学』74.3，pp. 148-157.

国際地理学連合・地理教育委員会編 (1993)「地理教育国際憲章—1992 年 8 月制定」(中山修一訳)『地理科学』48.3，pp. 104-119.

国立教育政策研究所 (2010)『学校における持続可能な発展のための教育（ESD）に関する研究—中間報告書』国立教育政策研究所.

阪上弘彬 (2019)「地理学習におけるシステムの観点—新学習指導要領等の検討から」『地理科学』74.3，pp. 107-115.

桜井明久 (1999)『地理教育学入門』古今書院.

佐藤真久 (2014)「地球市民性教育（GCE）に関する UNESCO フォーラムにおける成果と考察—持続可能で共創的な社会づくりに向けた「地球市民性」の構築」『環境教育』23.3，pp. 123-130.

佐藤真久 (2016)「国連 ESD の 10 年（DESD）の振り返りとポスト 2015 における ESD の位置づけ・今後の展望―文献研究と国際環境教育計画（IEEP）との比較，ポスト 2015 に向けた教育論議に基づいて」『環境教育』25.3, pp. 86-99.

佐藤真久 (2019)「SDGs 時代のまちづくりとパートナーシップ」田中治彦・枝廣淳子・久保田崇編著『SDGs とまちづくり―持続可能な地域と学びづくり』学文社, pp. 263-278.

佐藤真久 (2020a)「複雑な社会課題の解決に挑戦する探究活動―WW 型問題解決モデル」田村学・佐藤真久『探究 × SDGs』朝日新聞, pp. 3-14.

佐藤真久 (2020b)「SDGs はどこから来て，どこに向かうのか―サステナビリティの成り立ちから SDGs の本質を考える」佐藤真久・広石拓司編『SDGs 人材からソーシャル・プロジェクトの担い手へ』みくに出版, pp. 41-62.

佐藤真久 (2020c)「個人の変容と社会の変容の相互作用を促す学び―「国連・持続可能な開発のための教育の 10 年」の経験から」佐藤真久・広石拓司編『SDGs 人材からソーシャル・プロジェクトの担い手へ』みくに出版, pp. 63-87.

佐藤真久 (2020d)「持続可能な社会を読み解く多様なレンズ」令和二年度教師海外研修（JICA 東京主催）資料.

佐藤真久 (2022a)「SDGs 時代の教育改革，人事改革，地域における人づくり」田村学・佐藤真久編著『探究モードへの挑戦―高度化・自律化をめざす SDGs 時代の人づくり』人言洞, pp. 1-22.

佐藤真久 (2022b)「SDGs 時代の探究モードの拡充に向けて―課題と展望」田村学・佐藤真久編『探究モードへの挑戦―高度化・自律化をめざす SDGs 時代の人づくり』人言洞, pp. 252-268.

佐藤真久 (2022c)「UNESCO と人づくり」田村学・佐藤真久編『探究モードへの挑戦―高度化・自律化をめざす SDGs 時代の人づくり』人言洞, pp. 224-251.

佐藤真久 (2023)「SX（Sustainability Transformation）の本質とその重要性―他者・外部を内在化し，社会変容と自己変容を連動させる」『P2M マガジン』18, pp. 14-22.

佐藤真久・熊野善介 (2017)「米国における環境 STEM（E-STEM）教育の環境教育学的意義―米国における E-STEM 教育の取組動向の把握とミネソタ州における E-STEM 教育実践校の事例研究を通して―」『エネルギー環境教育研究』11.2, pp. 3-14.

佐藤真久・広石拓司 (2018)「コレクティブな協働へ―問題解決に関わる用語の定義をシフトしよう」『ソーシャル・プロジェクトを成功に導く 12 ステップ』みくに出版, pp. 55-74.

鈴木敏正・佐藤真久 (2012)「「外部のない時代」における環境教育と開発教育の実践的統一にむけた理論的考察―「持続可能で包容的な地域づくり教育（ESIC）」の提起」『環境教育』21.2, pp. 3-14.

鈴木正行・黒田拓志 (2021)「小学校社会科防災学習に公共的空間を生み出す授業

の構造―デザイン思考の視点による優れた授業の分析を通して」『地理教育研究』29，pp. 1-10.

地理教育システムアプローチ研究会編（2021）『システム思考で地理を学ぶ―持続可能な社会づくりのための授業プラン』古今書院.

中村光則（2016）「高校地理における ESD の視点を取り入れた防災単元の開発と授業実践―独図を基盤とした地理学習による社会参画をめざして」『社会科教育研究』128，pp. 75-86.

中村光則（2019）「システム思考で地域的諸課題を考察する高校地理学習―地域での危険回避を扱う単元「防災」と「防犯」の開発と実践」『地理科学』74.3，pp. 158-170.

中村洋介（2023）「生態的・空間的関係をとらえるための地図の活用―高等学校におけるアムール川流域―親潮域の地理学習の例」『駒澤地理』59，pp. 49-60.

中山修一・和田文雄・湯浅清治（2011）『持続可能な社会と地理教育実践』古今書院.

パイク，G.・セルビー，D. 著，中川喜代子監修，阿久沢麻里子訳（1997）『地球市民を育む学習』明石書店.

広石拓司（2020）「個人，プロジェクト，ローカル，グローバルをつなぐソーシャル・プロジェクト」佐藤真久・広石拓司編『SDGs 人材からソーシャル・プロジェクトの担い手へ』みくに出版，pp. 109-124.

宮﨑沙織（2021）「社会構造やパラダイムに気づかせよう」地理教育システムアプローチ研究会編『システム思考で地理を学ぶ』古今書院，pp. 7-12.

宮本静子（2012）「フィールドワーク学習の実施状況と教員の意識」松岡路秀・山口幸男・横山満・今井英文・中牧崇編『巡検学習・フィールドワーク学習の理論と実践―地理教育におけるワンポイント巡検のすすめ』古今書院，pp. 34-41.

森朋子・佐藤真久（2022）「トランジッションに求められる能力」森朋子・松浦正浩・田崎智弘編『サステナビリティ・トランジッションと人づくり―人と社会の連関がもたらす持続可能な社会』筑波書房，pp. 58-84.

文部科学省（2017）『中学校学習指導要領（平成 29 年告示）解説 社会編』.

文部科学省（2018a）『高等学校学習指導要領（平成 30 年告示）解説 総合的な探究の時間編』.

文部科学省（2018b）『高等学校学習指導要領（平成 30 年告示）』.

山本隆太（2016）「ドイツ地理教育におけるシステム思考を用いたコンピテンシー論とその教材の検討」『日本地理学会発表要旨集』2016 年度日本地理学会春季学術大会，100337.

山本隆太（2019）「スイス・ドイツの「地理システムコンピテンシー」（GeoSysKo）の特性―実証試験問題の分析」『地理科学』74.3，pp. 127-137.

山本隆太（2021）「本書で登場する思考ツールについて」地理教育システムアプローチ研究会編『システム思考で地理を学ぶ』古今書院，pp. 1-6.

山本隆太・泉貴久（2019）「地理教育におけるシステムアプローチの現在地」『地理』64.3，pp. 102-107.

由井義通（2018）「『高等学校新学習指導要領』改訂のポイント「地理総合」と「地理探究」で育成する資質・能力」『地図・地理教育』2018年度特別号，pp. 1-5.

DGfG (2006). *Bildungsstandards im Fach Geographie für den Mittleren Schulabschluss.* DGfG.

Fox, M. and Gibson, R. (2013). Navigating wicked problems and ambiguity, URL: https://mofox.com/wp-content/uploads/2018/10/Simple-Complex-Wicked-Problems-SummaryChart.pdf. (最終閲覧日　2024年3月31日)

International Commission on Education for the Twenty-first Century (1996). *Learning: the treasure within.* UNESCO Publishing.

Schwartz, P. and Ogilvy, J. (1979). *The Emergent Paradigm: Changing Patterns of Thought and Belief.* SRI International, Menlo Park, CA.

UNESCO MGIEP (2017). *Textbooks for Sustainable Development: A Guide to Embedding.* UNESCO Mahatma Gandhi Institute of Education for Peace and Sustainable Development.

UNESCO (2011). *ESD, an expert review of process and learning.* UNESCO, Paris.

UNESCO (2017). *Education for Sustainable Development Goals, Learning Objectives.* UNESCO, Paris.

UNESCO (2021). *Reimagining Our Futures Together: A new social contract for education.* UNESCO, Paris.

WEF (2023). *Global Risks Report, Global Risks Perception Survey 2022-2023.*

第2章
システム思考からデザイン思考，
解決志向型学習へ

山本　隆太

■ 1. 「持続可能な開発」と地理教育

　地理教育において「持続可能な開発」というワードは従来から重要語句として扱われてきた。第1章での「開発アプローチの歴史的俯瞰」を参照してもわかる通り，1972年にストックホルムで開催された「国連人間環境会議」，1992年のリオ・デ・ジャネイロでの「環境と開発に関するリオ宣言」などは，地球環境問題に関する重要語句として教科書や資料集に登場し，各種の試験で問われてきた。こうした暗記すべきキーワードの一つであった「持続可能な開発」は，2010年代に入ってからは，授業を構想し実践するにあたっての概念となることで，地理の授業のあり方を問い直してきた。そしていまや地理教育の方向性を示すものになっている。

　地理教育において「持続可能な発展」が暗記すべき重要語句から授業づくりの概念に転換しはじめたのは，2011年の『持続可能な社会と地理教育実践』(古今書院)，2012年の『社会参画の授業づくり』(古今書院) など，地理教育でのESDを推進する著作が契機となっている。その後，ESDに関する授業実践が見られるようになる (第1章を参照)。

　こうした潮流のもと，システムアプローチ研究会は2015年，共通した課題意識をもつメンバーの勉強会として活動を始めた。梅村 (2012) は前掲『社会参画の授業づくり』においてルツェルン宣言における「人間—地球」エコシステムを取り上げ議論した。宮﨑沙織はアメリカ・カルフォルニア州の環境教育の研究において (宮﨑, 2009)，筆者はドイツ地理教育の研究において (山本,

2012），それぞれ自然と人間の関係（システム）を検討した経験があり，泉貴久は開発教育を通じて（泉，2009），中村洋介は地生態学や地形学習（中村，2017）を通じて同様の課題意識をもっていた。こうしたメンバーが毎月集い，地理教育でのシステム概念の理論と実践についての研究を始めた。

　同会ではアメリカ，イギリス，ドイツなどで取り組まれている先行事例の分析に取り組んだ。例えば，ドイツ地理教育では「グローバルで複雑な問題群」を扱うにあたり，シンドロームアプローチの関係構造図を用いていた。このツールを用いると，これまで地理教育で重要だとされてきた俯瞰的・総合的な思考を可視化することができると同時に，サスティナビリティーで重視される「テーマの統合性や同時解決性」の重要性が改めて確認された。また，スイス・ドイツが共同で学習科学的な実証研究を経た地理システムコンピテンシーを開発しており，その研究者を招聘して研究交流も行った（このあたりは前書『システム思考で考える地理を学ぶ』（2021）にまとめられている）。これらの動向を踏まえて，システム思考から一歩踏み出して予測コンピテンシーについての検討も行い，シナリオアプローチを用いた将来予測の授業実践も試みられた（第2部第3章を参照）。

　このシステム思考からシナリオアプローチへの展開は，Wiek et al.（2011）による持続可能性のフレームワークや，UNESCO（2017）による持続可能性キー・コンピテンシーなど，持続可能性研究やその教育に共通する展開様式である。システム思考は，たしかに地理学と地理教育に古くから内在する思考様式であり見方・考え方であるが，現代においてはそのことよりもむしろ，持続可能性の基礎概念としての意義が見出されている。システム思考を地理教育でのESD実践として位置づけていく場合，持続可能性研究を参照せざるをえない。

　こうした背景から本書では，サスティナビリティ論およびESD研究者である佐藤真久氏を第1章の執筆者として迎えている。第1章で佐藤は，ESD・SDGsについて歴史や概念から，コンピテンシーまで含めて詳述している。その上で地理教育の課題について，①過程（時間軸），自己課題化，運用，社会参画にあること，②探究学習ではシステム思考（ありうる社会）に加えデザイン思考（ありたい社会）が求められていること，などを指摘している。

第2章　システム思考からデザイン思考，解決志向型学習へ　33

　そこで本章では，地理教育におけるシステム思考の扱い方の現状と課題を振り返りつつ，上記の指摘について検討した上で，システム思考の次のステップについて描き出したい。その際，本研究会は環境教育・ESD大国ともいわれるドイツの影響を一定程度受けていることから，先行するドイツの状況についても踏まえながら論じる。

■ 2. 原因追及だったシステム思考での「課題志向型学習」 （Problem-oriented Learning）

2-1. システム思考で問題を分析し把握する

　これまでシステムアプローチ研究会では主として「諸事象や諸課題の関係性を理解し，問題の構造を把握すること」（山本・泉，2019，p. 106），またその解決策の考案を授業展開することに取り組んできた。こうした取り組みの様相は先行するドイツでも同様であった。ドイツ人地理教育研究者・実践者であるトーマス・ホフマンは次章（第1部第3章）において，①現状と課題の把握，②原因を分析する，③解決策を考える，そして，④問題志向から解決志向へという流れで論じている。この①から③までがシステム思考であり，この辺りについてまずは述べたい（④は後述する）。

　地理教育システムアプローチとは複雑な地球環境問題あるいは地域課題をシステムとしてとらえ，構造的に分析し解決策を考えるアプローチであるが，実際のところ，主たる学習活動は原因の解明になる。

　学習としてはまず，さまざまな要素のつながりを整理していくという作業が基本となる。さまざまな要素同士のつながり（因果関係や相関関係）を線でつなげていく作業を通じて，その問題構造の全体像を可視化していく。すると，なぜその問題が起こる（現象として立ち現れる）に至ったのか，というプロセスが構造的に明らかになる。プロセスを別の言い方で表現すれば，過去の諸条件をもとに現在の問題状態に至るまでの展開，流れあるいは経路といえる。システムアプローチの分析手法は，過去から現在にかけて（あるいは現在から将来に向けてもそうだが），諸事象が展開してどのように問題化するのかという点を明ら

かにするために用いられる。

　このように問題に向きあい，分析することを通じて問題の構造に迫っていくことは，まさに問題志向あるいは課題志向のアプローチであるといえる。ただし，問題状況を明らかにした段階で授業を終えてしまうと，「地球的諸課題は非常に複雑であることがわかった」という月並みな感想で終わってしまう。問題分析を踏まえて，解決策まで踏み込んで考える必要がある。

2-2. システム思考で考える解決策

　問題の原因がわかったのであれば，そこから一定の解決策を導き出すことは可能である。すでに明らかにした問題の構造やプロセスを踏まえて，その構造やプロセスを問題とならないように調整していく，という発想で全体的な解決を考察するのである。ただし，私たちには認知的な限界もあるため，現実に存在するすべての事象を知ることもできないし，すべてを一度に考えることもできない。そこで限定合理性を踏まえた上で，可能なかぎり，システムとして合理的な解決策を探究することになる。

　しかし実態としては，システム思考で解決策の考案まで取り組んでいる事例は少ない。その理由は以下のようにいくつかある。授業実践がまだ少ないこと，単純に時間がかかりすぎること，論理的な思考を続けるだけの思考力が持続しないこと，システム思考で導出できる解決策は問題の穴をふさぐ緩和的なアプローチになりがちであるため非常に地味な解決策になりがちなこと，などが挙げられるだろう。

　また，システム思考に基づく合理的な解決策こそが「正解」，「正統」であるような雰囲気が教室を支配するとすれば，それはかなり息苦しい状況である。合理的なシステムを描けば描くほど，合理的ではない部分も多い私たち人間はそこから疎外されるように感じる。

　上記の事情から，結果的にシステム思考は問題の把握にとどめておくのが有効だ，という判断に至るのも理解できる。

　ただし釘を刺しておくと，問題分析をした上で，結局，局所的な解決策に終始したり，「対話を続けなければならない」などのような道徳的なスローガン

を解決策としてしまうのであれば，わざわざ問題状態をシステムとして分析した意味そのものが失われる。生徒の立場になれば，システムアプローチでの問題分析の際に非常に高い認知的な負荷をかけられたにも関わらず，そこから先の解決策はこれに基づかないのであれば，何のために時間をかけて認知的負荷の高い分析をしたのかわからない。

　以上のような状況を鑑みると，問題解決を考える上で重要とされる「統合的な解決」の意味を理解すること，同時解決を意識することを体感的に理解してもらうことが，差し当たっての現実的な目標となると考えている。

2-3．システム思考を踏まえて次へ

　このようにシステム思考を用いた解決策の導出は容易ではない。それでも検討を続けていくと，持続可能性キー・コンピテンシーにおける予測コンピテンシーに注目し，シナリオアプローチの手法とシステム思考を掛け合わせることで，いくつかの未来シナリオを描く，という授業へと発展したケースもある。システム思考は，過去から現在にかけてどのようなシステムになってきたのかを分析することが得意だが，そのプロセスを経路依存的に未来に向かって引き延ばしていくことでシナリオが描ける，という発想である。少しずつ条件を変えていくつかのありえるシナリオを描いていくことで，より「ありえる未来」(the possible future) を描いていくという方法である。

　また，問題の解決策を考える方法はシステム思考だけではない。「私たちが望む未来」＝「ありたい未来」(the future we want) を描くというクリエイティブなデザイン思考も見直されている。システム思考を実践してきたホフマンも，上述のような課題を授業実践を通じて感じていた。そこで彼は次節で取り上げる「システム思考のための 10 ステップ」(以下，10 ステップ) において，システム思考の基礎を固めながら，持続可能性の価値規範を導入することで解決策の検討をより具体化しようと試みている。またその一方で，複雑な問題に対する生徒のうんざりした反応を基に，そもそも問題分析から入るのではなく，関心喚起する解決策から授業を始めるという発想に至っており，こちらは「解決志向型学習」として展開している。どちらもシステム思考を基に展開・派生して

36　第1部　社会問題の解決を目指すこれからの日本の地理教育に向けて

いったものであるといえる。以下では，まず10ステップから取り上げる。

■ 3.「10ステップ」に見るシステム思考

3-1. 開発の経緯

　トーマス・ホフマンらによる ESD 実践者・研究者の国際ネットワーク団体である ESD ExpertNet は，2022年，初学者に向けたシステム思考の学習方法をまとめた「システム思考のための10ステップ」(ten steps towards systems thinking) を発表した (Hoffmann et al., 2022)。

　ESD Expert Net は，ドイツのトーマス・ホフマンをはじめ，インド，メキシコ，南アフリカなどの30名以上のメンバーからなる研究者・実践者の国際的なネットワークであり，ESD に関する情報交換や共同研究・実践に取り組む NGO である。2020年，COVID-19 によるパンデミックを機に普及したオンライン会議システムを用いて，移動制限の世界において，オンラインで集中的に作成されたのが10ステップである。冊子は各国語で発行されているが，最も標準的な英語版はインドの環境教育センター (CEE) が発行しており，ウェブサイトで公開されている (https://www.ceeindia.org/systemsthinking/)。

3-2.「10ステップ」の全体像

　図1-2-1は，10ステップの表紙のイラストであり，10ステップの全体像が示されている。

　一番下にいる人物は，システム思考をまだ身につけていない人物である。目の前に広がる現実や景観を前にして，そこに見える事象がそれぞれ個別に存在しているようにみえている（ネットワークの線が見えていない）し，また，事象を一面的に見るのみで，その裏側にある背景や構造は物陰になっていて見えていない。そこから一つ一つ階段を登っていき，10段（10ステップ）を登ることを通じて，システム思考を身につけていく。

　階段は段差（高さ）と踏板面（長さ）からなるが，それぞれが階段ごとに異なっている。高さは学習の難易度，長さは学習に必要な時間を表現している。例

第 2 章　システム思考からデザイン思考，解決志向型学習へ　37

図 1-2-1　10 ステップ全体図

(Hoffmann et al., 2022 より)

えば，ステップ 1 は簡単にクリアできる一方，ステップ 2 は難しいといった具合である。この難易度については作成者の実践上の経験をもとに設定されている。

また，階段の左側には 2 本の脇道が存在している。この脇道は，学習内容が理解・習得できなかった場合，どこまで戻るべきなのか，その立ち返るべき点を表現している。例えば，6 ステップの脇道は 3 ステップへとつながっているが，これはもし 6 ステップに至った際に理解ができなくなっていたら，3 ステップに戻ってもう一度学びなおすことを推奨している。

こうして 10 ステップを登り終え，システム思考を身につけた人物には，現実世界や景観が，さまざまな諸事象が結びついたネットワークから成り立っているように見えるとともに，持続可能な未来を描く力が備わっていることになる。

3-3．10 ステップの各段階

10 ステップは以下のような構成となっている。

38　第1部　社会問題の解決を目指すこれからの日本の地理教育に向けて

1. 複雑な現実の一部を認識する
2. 現実の一部をモデルとして表現する
3. モデルをシステムとして理解する
4. モデルを利用して，システムの挙動を説明する
5. システムの挙動を予測する
6. 持続可能な開発の観点から，現在およびありうるシステムの挙動のあり方を評価する
7. システムにおいて介入するポイントを特定する
8. 介入の方法としてありうるタイプを特定する
9. 持続可能な開発に向けた行動をするための見通しや選択肢を作り出す
10. 持続可能な開発の枠組みにおいて，行動の影響を評価・省察し，さらなる行動が必要かどうかを判断する

　紙幅の関係で詳述はできないため，内容の詳細に関しては地理教育システムアプローチ研究会のウェブサイトをご覧いただきたい。ここでは，10ステップの構成だけ紹介したい。

　純粋にシステム思考を扱ったものはステップ1〜5，7・8の7つである。ステップ6については，システムの挙動を評価するにあたってはその評価の基礎となる価値観が必要であり，その価値観の一つとして持続可能な開発を導入するステップとなっている。ステップ9および10については，持続可能な開発に関する「行動」に向けたステップである。システム思考は「思考」であり，「行動」とは異なる次元の活動であるため，この2ステップは本来システム思考には含まれない。ただし，思考の先に行動があることが重要であり，だからこそ含まれている。

3-4.「10ステップ」はシステム思考と持続可能性概念・予測思考の一体化

　ここでは，10ステップがもつ意義について述べたい。

　まずは，システム思考の育成手法が，教育実践者の手によって手順化，ステップ化されていることに大きな意味がある。これまでのシステム思考の能力育成については，レンプフラーらによる地理システムコンピテンシーモデルが存

在していたが，これは学習科学によって実証された裏づけのあるモデルであったがゆえに，あくまで能力調査などの研究的な応用は想定されたものの，授業実践へとつなげることには大きなギャップが存在していた。ホフマンは同モデルを理解しているが，それよりも実践者らとの現場の実践経験に基づいた形で10ステップを作成している。

また，ステップ1から5まではシステム思考を獲得する段階となっているのに対して，6ステップでは，SDGsが合流している点が特徴である。これはシステム思考それ単体よりも，SDGsと関連付けることで初めて現代教育実践における価値が認められることを示唆している。より具体的にいえば，持続可能性という規範性がもたらされて以降，厳密にいえばシステム思考を獲得するという目的に加えて，システム思考を用いて持続可能な社会を考える思考の応用的な側面へと移行している。これは結局，システム思考は持続可能な社会／地球を考える上でもっとも基本的な能力であることを裏づけるものである。

最後に，ステップ7や8には，予測シナリオアプローチやデザイン思考が含まれている点にも注目したい。システム思考はそれ自体が思考法として存在しているものの，それが複雑な社会で役立ち，価値を発揮するためには単一のアプローチで対応する時代は終わり，さまざまなアプローチと組み合わせて取り組んでいく必要がある。

なお，日本においても実践的な広がりが期待される冊子であるため，日本語の翻訳が待たれる。

■ 4. 解決志向型学習（Solution-oriented Learning）

4-1. 経緯

システム思考には問題分析という特性がある一方で，それ単独で持続可能な社会にアプローチすることには限界がある。むしろ，他の能力（予測など）と組み合わせることで現代的な意義が明確になるということが，前述の10ステップからもわかる。ホフマンはこうして10ステップを推進する一方で，同時期に解決志向型学習（Solution-oriented Learning）を開発している。本節ではこ

40 第1部 社会問題の解決を目指すこれからの日本の地理教育に向けて

れについて紹介する。

　ここでホフマンについて改めて紹介すると，彼はギムナジウムの教員，教員研修所の地理部門長，大学での教科教育担当講師ならびに栄誉教授といったさまざまな顔をもち，地理教育の実践と理論を往還する立場にある。彼自身，システム思考の重要性を認識し，授業でシステム思考での問題分析に取り組む中で，生徒が課題解決にうんざりしている状況を見て取った。特に彼が関心を払ったのが生徒のモチベーションである。「課題がある」，「解決しなければならない」という前提で学習に取り組む時，課題だらけで将来に明るい見通しがもてない。研究者によっては，現実社会は課題山積であるから，それに真正面から取り組んでこそ学習の意義があると考えるだろう（私もそう考えていた）。しかし彼は，生徒が「将来に対する希望をもつ」ことを重視し，そこから考案したのが解決志向型学習である。

　彼に言わせれば，これまでの学習は，課題解決型学習（Problem-solving）といいつつも実際は課題志向型学習（Problem-oriented）であった。特にシステム思考がまさに問題志向型であった。システム思考で問題をみつけ，合理的な解決策を追求する中では，合理的ではない人間の感性などは前面から退くこととなり，そこにはワクワクした気持ちなどが入り込む余地はほとんどなかった。この反省に立ち，真に解決策を志向した（strictly Solution-oriented）学習として解決志向型学習を提起した。その後，彼は解決焦点型（Solution focused）という呼び名に変えているが，本章では当初の名称で進める。

4-2. 基本的な考え方とエンゲルスによる実践

　解決策から授業を展開していくこの授業方法は，その解決策自体がもっている魅力や期待感（ワクワク感）を重視している。その基本的な進め方は以下の5点にまとめられる。

　① Fascinating Idea（Solution-oriented）（解決策を実行する人の「素晴らしさ」，「かっこよさ」に興味をもつ）

　② How does it work?（その解決策はどのような解決策なのか？）

　③ What is the problem ?（どうして，その問題が生まれたのか？なぜ，その人

第2章 システム思考からデザイン思考，解決志向型学習へ　41

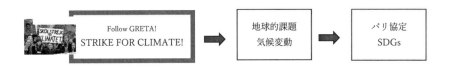

課題志向型 Problem-oriented	解決志向型 Solution-oriented
複雑な問題に向き合うことからはじめる （複雑な問題に向かう）	未来志向で、うまくいっている解決策やそのストーリーからはじめる （学習の動機付けとなるストーリーに向かう）
・問題が最初に与えられる ・与えられた情報を読み取り、問題に取り組まなければならない ・解決方法や行動に取り組むことが期待される	・感動し、親近感を持ちうる ・やり慣れた方法や伝統を熟考する ・解決策に取り組む人のように取り組みたくなる
生徒の思考・行動 ・過去に起こった事象を「問題があるもの」として問題視し、分析する ・問題の構造に照らして行動する	生徒の思考・行動 ・変えることのできる、形作ることのできる将来に向けた解決志向の思考と行動 ・変わりつつある未来から行動をする

図 1-2-2　気候変動を例とした解決志向型学習の展開（上）と課題志向型と解決志向型の対比（下）

（Hoffmann, 2023 より）

は問題に取り組むようになったのか？）

④ What are global challenges?（地球的課題とは？）

⑤ Which solutions are internationally discussed?（解決策としてどういう国際取り決めがあるのか？）

第1部第3章ではホフマンが，第1部補説ではその弟子であるエンゲルスが授業実践の内容を報告している。

なお，ホフマンの解決志向型学習はドイツ地理教育では広く理解を得ており，他の研究者や実践者によって積極的に検討・実践されるのみならず，地理教育スタンダードに記載されるまでに至っている。今後もその展開を追う必要がある。

5. システム思考とデザイン思考の融合

5-1. デザイン思考

これまで，システム思考が持続可能性キー・コンピテンシーの枠組みにおい

て予測と結びつくことや，あるいはシステム思考を含む課題解決型学習の反省から考案された解決志向型学習について見てきた。解決志向型学習は課題解決型学習を乗り越えるためのもので，生徒中心の発想に立ったものといえるが，その意味では近年よく耳にするデザイン思考も同様の性質をもっている。ここでは，デザイン思考とシステム思考の関係性について，第1章の指摘も踏まえて整理していく。

デザイン思考（design thinking）と呼ばれるものにはさまざまあるが，ここではいわゆるモノづくりの文脈で用いられるプロトタイプを伴うそれではなく，第1章で挙げられているように，ありたい未来を描くアプローチをデザイン思考とよぶ。そこではデザイン思考について，他者との協働の中で，ありたい社会を描き，社会を構想するものであり，ありたい姿のアイデアを創出し，ありたい姿においてどのように他者や自然と関わっているかをイメージし，逆算して考える思考法である，としている。

地理教育で取り組まれるデザイン思考としては，個人や集団の欲求やアイデア，共感に基づいて地域の未来像をイメージし，私たちの望むありたい未来を描き出すことになる。この際，実現可能かどうかという点は問うてはならず，また，システム思考とは全く別の方法で地域の未来像を描く。

5-2．システム思考からデザイン思考への展開

図1-2-3は，システム思考とデザイン思考の関係性を示したものである。

図1-2-3　システム思考とデザイン思考

（筆者作成）

・過去から現在にかけてはシステム思考で分析する。

・現在から近い未来にかけては，システム思考を応用しながらシナリオアプローチに取り組み，「ありうる未来」を描いていく。

・未来については，どうなるかわからない不確かさが大きい。そこで，デザイン思考で「ありたい未来」を描く。

このようにシステム思考とシナリオアプローチでフォアキャストした「ありうる未来」と，デザイン思考で描いた「ありたい未来」からのバックキャストが接合するところが「ありたくて，ありうる未来」である。これを探究していくこととなる。

■ 6. おわりに

本章では，システムアプローチ研究会の取り組み，システム思考の10ステップ，解決志向型学習，システム思考×予測×デザイン思考といった論点を整理してきた。

システム思考が持続可能な未来を考えるような未来志向の教育において，基礎となる能力であることが改めて確認できる。ただし，予測できる未来は近い未来に限られる。デザイン思考との連動が必要になる。

デザイン思考と解決志向型学習には重なり合う部分もある。問題解決学習への反省にその必要性が見出せること，望ましい状態を手掛かりにして学びを進めていくこと，また，システム思考と接合しうることも共通している。今後，これらの混同が起きながら実践が進んでいくことが予測されるが，肝心なことは，これらが進めばすすむほど，「では，現実としてどうするか？」という実現可能性が問われることになり，そこで改めてシステム思考の実践の到達点が問われることになるだろう。

最後に，地理学と地理教育の関係からシステム思考とデザイン思考をとらえたい。システム思考は地理学に内在している見方・考え方である。一方で，デザイン思考は地理学には内在していない。地理教育は地理学と教育学の両方に基盤をもつ教科教育領域であるが，デザイン思考は教育実践からもたらされた。

この機会をうまくとらえ，地理教育と地理学が未来志向に変わる契機にしたい。

引用・参考文献

泉貴久（2009）「イギリスの中等教育用地理テキストにみる ESD の概念―日本の地理教育における ESD 実施へ向けての課題と展望―」『専修人文論集』84，pp. 353-374.

梅村松秀（2012）「IGU/CGE が提起する 21 世紀地理教育パラダイム―「人間－地球」エコシステム―」泉貴久・梅村松秀・福島義和・池下誠編『社会参画の授業づくり』古今書院.

中村洋介（2017）「「地形系」からとらえる平野・海岸地形の学習―高等学校地理の参加型学習を通じた ESD―」『新地理』64.3，pp. 1-15.

宮崎沙織（2009）「カリフォルニア州における環境リテラシー育成のための社会科プログラム―環境の原理に基づく学習内容の再構成に着目して―」『社会科教育研究』108，pp. 58-69.

山本隆太（2012）「ドイツの地理教育における「システム」論　―人間―空間相互関係から人間-環境システムへ―」『早稲田大学大学院教育学研究科紀要別冊』20.1，pp. 177-187.

山本隆太・泉貴久（2019）「地理教育におけるシステムアプローチの現在地」古今書院『地理』64.3，pp. 102-107.

Applis, S., Mehren, R. and Ulrich-Riedhammer, E. M. (2022). Nachhaltigkeit und Ethisches Lernen im Kontext einer lösungsorientierten Didaktik. In Dickel, M., Gudat, G., and Laub, J., *Ethik für die Geographiedidaktik: Orientierungen in Forschung und Praxis*, pp. 107-128. https://doi.org/10.1515/9783839462294-006

Hoffmann, K. W. (2023). Zukunftsfach Geographie – eine Verortung zwischen strikter Lösungsorientierung und reflektierter Problemlösungsorientierung aus schulpraktischer Sicht. *Diercke 360°*, 1/2023, pp. 1-15.

Hoffmann, T., Menon, S., Morel, W., Nkosi, T. and Pape, N. (2022). *Ten steps towards systems thinking*.

UNESCO (2017). *Education for Sustainable Development Goals: Learning Objectives*. Paris, pp. 1-62.

Wiek, A., Withycombe, L. and Redman, C. L. (2011). Key Competencies in Sustainability: A Reference Framework for Academic Program Development. *Sustainability Science*, 6, pp. 203-218.

第3章
地理の授業でグローバルな課題に どう対処するか？

トーマス・ホフマン／山本隆太訳

1. はじめに

　地球観測衛星は，1970年以降，継続的に技術向上が図られている。地球システムと世界人口が関わるグローバルな課題を鑑みると，各種衛星は高解像度の衛星画像によって，個々の事象やその進展，さらには現代のグローバルな変化について，非常に詳細な洞察を私たちに提供している。NASAが継続的に発行している衛星画像や，"Our Earth. ビフォー・アフター"，"上空から見た世界"，"地球の今と昔"などの高画質衛星画像を見れば，わずか数年で地表に現れる深刻な変化がすぐにわかる。

　例えば，上海，メキシコシティ，深圳（シンセン）や，ネバダ州の砂漠に進出し，30年間で人口が4倍の300万人に達したラスベガスなど，世界の都市のスプロール化を見ることができる。2035年までに，デリーは人口4,350万人を擁する世界最大の都市になる。ウタム・ナガルやサントシュ・パークなど，広大でほとんど植物が生えないスラム街は，ナイロビのキベラと同様に，貧困にあえぎ，持続不可能な都市開発過程の悲惨さを示している。人口の増加と都市の拡大には，道路，空港，港湾，あるいはメキシコシティの「セントラル・デ・アバスト」のような巨大な卸売市場ホールなどのための土地を消費する交通インフラの拡大が伴っている。同時に，世界の人口が毎年8,000万人ずつ純増するためには，それに見合った農業収量の増加が必要である。利用可能な耕地資源はすでにほとんど枯渇しているため，農薬や人工灌漑の力を借りて土地の収量を増やすことに主眼が置かれている。この目的のために利用される地下水帯水層の有限性

は，大部分が枯渇したオガララ帯水層やリビア南部のクフラ地下の地下水脈を見れば明らかである。地表にあるこれらの化石貯水池は，人為的に作られた貯水池によって補完されており，その水位の変動は特に近年のカリフォルニアにおける水不足の本質を示している。

その一方で，私たちが世界中で耳にする物語，報告書，分析，研究などがあり，その次元やドラマはたいてい，過去から現在にかけての望ましくない発展や，広範囲に及ぶ結果をもたらす大惨事を物語っている。長い年月をかけて続いてきた破壊的な土地利用システム，森林や海洋の乱開発，綿花，サトウキビ，トウモロコシ，大豆などの集約的な単一栽培による土壌の破壊，マスツーリズムによる生態系全体の劣化，天然資源の過剰利用，砂漠化や気候変動は，大西洋のオヒョウの乱獲，東南アジアのマングローブ林の伐採，バクー周辺での原油流出によるカスピ海の石油汚染などにもつながっている根本的なプロセスの一部にすぎない。

しかし，どちらの視点からも，グローバルな課題の「目に見える症状」だけが明らかになる。これらを足し算的な意味で理解することはできず，因果的に相互に関連し，相互に補強し合っていると見なす必要があるのは基本的な事実である。ドイツの地球環境変動諮問委員会（WBGU）も，気候変動，生物多様性，世界の食料安全保障のトリレンマを克服するための分析と戦略を主に扱った「人新世における土地の変化」に関する最新の年次報告書の中で，このことに注意を喚起している。これは適切な統合的解決策によってのみ解決できる。

上空から撮られた写真が印象的で，環境に関するストーリーがキャッチーであればあるほど，その効果は絶大であるが，それらは主に感情的なレベルで機能するものである。個々の事例がもたらす脅威と課題の世界的な次元を把握するためには，数字で裏打ちされる必要がある。ウィル・ステフェンスと彼の同僚たちは，地球環境の変化と経済発展に関する利用可能なデータを視覚化し，多くのグラフィックにまとめた。水需要の変化，温室効果ガス排出量の増加，絶滅の危機に瀕している種の数，自動車，紙，スマートフォンの生産，エネルギー需要のどれをとっても，グラフはすべて多かれ少なかれ急勾配の指数関数的な経過を示している。これらの個々の発展を総称して「グレートアクセラレ

ーション（大加速）」と呼び，21 世紀全体を特徴づけている。

2．グローバルな諸課題

2-1．地球の現状と課題を把握する

　しかし，世界的な状況をより包括的に説明するためには，このように部分的な発展を印象的に可視化する以上のものが必要である。むしろ，さまざまなサブプロセスの相互作用を考慮し，それらをひとつの値にまとめたり，モデルで表現したりできる指標が必要である。

　例えば，エコロジカル・フットプリントは，人間のあらゆる活動を土地利用としてマッピングするという考え方に基づいており，個人，地域社会，社会全体が地球システムをどのように保全または破壊しているかについての情報を提供する。グローバル・フットプリント・ネットワークの最新データによると，現在，各個人が住宅，食料，資源，ゴミの埋立などの生活ニーズを満たすために利用できる面積は，地球全体で 1.6gha（グローバルヘクタール）である。地域や国による差は非常に大きい。サハラ以南のアフリカや南アジアの多くの国々の人口は，平均して 1gha を大きく下回っている。現在の世界平均は 1 人当たり 2.8gha であり，私たち国際社会が地球の環境収容力を大幅にオーバーしていることは明らかである。言い換えれば，この数値は，私たちが現在，あたかも地球 1.7 個分の資源を保有しているかのように生活していることを意味する。ドイツ人と同じような生活を世界中の人が送ると，地球が 3 個分が必要である。

　このシグナルは「アース・オーバーシュート・デー」からも発せられている。アース・オーバーシュート・デーは，1 年を通じて測定され，世界の人口がいつまで再生可能資源の増加で生きられるか，そしていつから地球システムの実体を引き出し始めるかを示すものである。1970 年代には，この日はまだ 12 月後半であったが，2021 年には 7 月 19 日となった。これは，地球システムの実体を使用する期間がますます長くなっていることを意味する。

　また，ストックホルム・レジリエンス・センターが 2011 年に開発し，何度も更新しているプラネタリー・バウンダリーモデルもまた，憂慮すべきシグナ

ルを送っている。このモデルによれば，淡水資源の清浄度，海洋の化学的性質，気候，大気，成層圏オゾン層，物質の地球化学的循環，物質と自然システムとの適合性，生物多様性，土壌と植生の合計 9 つのサブシステムが，地球システムの再生能力にとって不可欠である。これらのサブシステムは，土地利用，種の喪失，大気のエアロゾル汚染，海洋の酸性化傾向，気候変動，水需要，物質循環の乱れなどにより，さまざまなストレスにさらされており，場合によっては大規模な危機にさらされている。特にリン酸や窒素の循環，遺伝的多様性の喪失が該当する。淡水資源の乱開発や海洋の酸性化など，すでに顕在化している望ましくない事態の一部は，現在のところまだ，地球システムの回復力による地球規模での緩衝が可能である。

　ストックホルム・レジリエンス・センターのこのメッセージは，ポツダム気候影響研究所 (PIK) が開発した転換点モデルにも表れている。このモデルによると，現在観測されている気温上昇は，単に上昇を続けるのではなく，気温上昇の未知の時点で，まるで転倒スイッチが入ったかのように，地球気候のサブシステム全体が崩壊する。これはモンスーン気候システムだけでなく，メキシコ湾流，永久凍土システム，南太平洋振動の継続についても予想されている。さらに悪いことに，ポツダムの研究者たちは，スイッチの切り替えが地球気候の他のサブシステムにも影響を与えるというカスケード効果が予想されると想定している。プラネタリー・バウンダリーズ・モデルの創始者であり，PIK の現所長であるヨハン・ロックストロームと，彼の同僚であるオーウェン・ガフニーの「Breaking Boundaries」と題された著作は，このような背景を踏まえている。その後，2016 年に出版されたロックストロームの最近の著書のタイトル通り，「小さな惑星の大きな世界」は限界を迎える。私たちが行動を共にし，あらゆる決定において惑星の境界を尊重するか，さもなければ私たちはこの惑星に住めなくなる。今後 10 年間の私たちの決断は，この惑星の今後 1 万年，そして何よりもホモ・サピエンスという種の存続に根本的な影響を与えるからだ。

　このような地球システム志向の地球の状態分析は，グローバルな社会開発の次元にまで拡大されなければならない。ここでも，繁栄と発展を測るさまざま

第 3 章　地理の授業でグローバルな課題にどう対処するか？　49

グローバル社会領域	グローバル経済領域
- 栄養／飢餓 - 人口動態 - 都市化／大都市化／メガシティ - 疎外化，経済的・社会的排除 - 都市のスプロール化 - 居住地の喪失 - 識字率／教育 - 貧困／生活の質 - 移民／難民の流れ - 女性／家族の役割 - 健康／パンデミック - 世代間の対立 - 失業 - モビリティ／コミュニケーション - 多文化社会 - 並行社会 - 汚職／マフィア組織	- 経済のグローバル化 - 世界市場 - 世界的競争 - 最新テクノロジーへの対応 - 金融および資本の流れ - 通貨の問題 - 国債 - 労働時間の超過 - 労働条件 - 原材料の不足による需要増大 - エネルギー必要量の増加 - 世界貿易／フェアトレード - 分配の問題 - 麻薬，武器，人身の違法取引
グローバル生態系領域	グローバル政治領域
- 気候変動による影響 - 汚染物質と温室効果ガスの排出 - 大気汚染 - 成層圏のオゾン層破壊「オゾンホール」 - 水の問題／飲料水の提供 - エネルギー問題 - ゴミ問題 - 世界の海洋の酸性化とゴミ汚染 - 海面上昇 - 生物圏の保護 - 森林伐採 - 種の喪失 - 土壌汚染，土壌損失 - 増加する交通量 - 災害防止	- 世界平和 - 地方および地域の紛争と戦争 - 兵器／武器貿易 - テロ - 独裁政権 - 急進主義 - 宗教紛争 - 海賊行為 - 地域格差・不平等の拡大 - 社会的および経済的排除

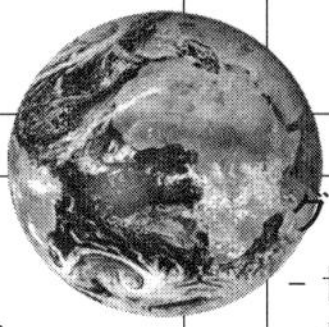

図 1-3-1　21 世紀のグローバルな諸課題

(デザイン：ヴォルフガング・ゲアバー, 2021)

な指標が，ここ数十年の間に考案され，議論されてきた。人間開発指数 (HDI) は，平均寿命や平均就学期間といった社会的側面だけでなく，(購買力平価調整済みの) 経済生産高に占める一人当たりの割合という経済的側面も考慮に入れ

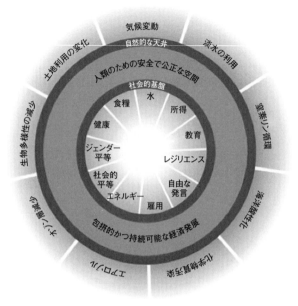

図 1-3-2　ドーナツモデル

(Raworth, 2018)

ているため，依然として最も重要な指標である。

　ケイト・ラワースは，プラネタリーバウンダリーモデルで考慮されている側面と組み合わせて，水へのアクセス，収入，教育，回復力，政治的発言力，仕事，エネルギー，社会的・ジェンダー的公正，健康，栄養といった社会的側面をドーナツモデルで考慮し，「安全で公正な生活」のためのリング状の空間という概念をモデルにマッピングした。

　HDI とエコロジカル・フットプリントを組み合わせることで，地球の状態とグローバル社会の発展レベルを表すアプローチが可能になる。このモデルによれば，HDI が少なくとも 0.8 に達し，同時にエコロジカル・フットプリントが 1.6gha 以下になると，持続可能性が達成される。2017 年の値に基づくと，この基準を満たす国家は一つもないという事実は，地球が憂慮すべき状況にあること，そしてグローバルな課題の深刻さを物語っている。

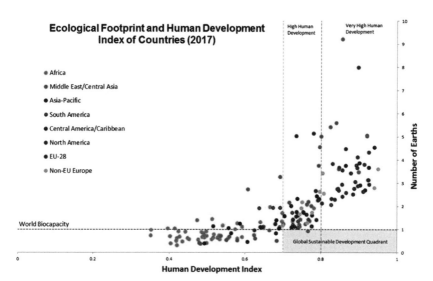

図 1-3-3　各国のエコロジカルフットプリントと人間開発指数（2017）

（Global Footprint Network 2024　https://www.footprintnetwork.org/our-work/sustainable-development/）

2-2. グローバルな課題を克服するために

　国連は，2000 年から 2015 年までのミレニアム開発計画で，すでにこうした問題に取り組んでいた。間違いなく，主に社会分野（貧困の克服，初等教育）と保健分野（子どもと妊産婦の死亡率の克服，HIV/AIDS との闘い）に焦点を当てた 8 つの指定目標に関しては，成功が達成された。しかし同時に，それ以外の目標はほとんど達成されていないか，特に南アジアとサハラ以南のアフリカでは達成されていない地域があることも明らかになった。また，ミレニアム開発目標（MDGs）に対する途上国の独占的なコミットメントが，その目的を達成していないことも明らかになった。すべての国家を拘束する 2030 アジェンダと持続可能な開発のための 17 の目標である持続可能な開発目標（SDGs）の策定により，国際社会は現在，新たなアプローチをとっている。10 年後までに，喫緊のグローバルな課題を克服しなければならない。選ばれた目標は，理想主義的とは言わないまでも，少なくとも非常に野心的である。これは，「あらゆる

52　第1部　社会問題の解決を目指すこれからの日本の地理教育に向けて

形態の，あらゆる場所での貧困をなくす」(SDG1) や，「ジェンダー平等を達成し，すべての女性と女児のエンパワーメントを図る」(SDG5)，「すべての人が，手頃な価格で，信頼でき，持続可能かつタイムリーなエネルギーへのアクセスを確保する」(SDG7) といった表現に表れている。いずれにせよ，2030 アジェンダによって，社会的，経済的，生態学的，政治的な地球的課題に対応するための世界開発計画がすべての国によって採択された。その中でも，自然面では気候変動との闘い，社会面では貧困の克服が最も重要である。

　グローバルな課題は，一方では，地球システムの機能に焦点を当てることができるが，他方では，地政学的，世界経済的な開発にも焦点を当てることができる。後者の観点からは，世界の覇権をめぐる中国とアメリカの対立の激化がクローズアップされる。それに伴う世界的な土地収奪のプロセスや，世界的なインフラプロジェクトの大規模な拡大，とりわけ新シルクロードの建設は，多くの場所で世界的な課題として認識されている。また，人口開発の地域的な焦点は，中国から南アジアへとシフトしており，インドは数年以内に中国に代わって地球上で最も人口の多い国になるだろう。現在の推計によれば，アフリカの現在の人口 13 億人は，2020 年には 3 倍に増え，21 世紀末には 43 億人になると予想されている。この人口増加のダイナミクスは，さらなるグローバルな課題をもたらす。国連の専門家によれば，今後数十年の間に，アフリカや中米から北半球への大規模な移動が予想されるという。さらに，自然生息地の破壊が進む中で，人獣共通感染症が発生する確率が高まり，新型コロナウイルス感染症の大流行が印象的に示したように，世界的な相互関係の緊密化により，急速に蔓延する可能性があるため，さらなるパンデミックの発生が予想される。

2-3.　原因を分析する

　私たちは近代化の過程で，明らかに，長期的には地球システムの再生能力と調和しないような，グローバルな生活と労働の世界を作り出してきた。これは，食べ方だけでなく，暮らし方，移動手段，生き方など，多くのことに当てはまる。要するに，多くのことはいくつかのパラメータに集約される。例えば，このような生活に必要な膨大なエネルギーを供給するあり方であり，また，永続

第3章 地理の授業でグローバルな課題にどう対処するか？ 53

的な成長，つまり資源需要の増大に依存するあり方であり，それはつまり資本主義経済システムである。経済学者のラジ・パテルと歴史家のジェイソン・ムーアは，経済的な理由から私たちが生活の中心的な側面を切り捨てていることを指摘することで，このよく言われる原因分析に特別なアプローチをとっている。私たちはより有利な生産条件と，より高い利潤を求め続けることで，地球だけでなく私たちの社会をも破滅させていると確信している。

明らかに，経済学的アプローチの考え方は，ミルトン・フリードマンの意味での新古典派志向に基づくものであれ，彼の敵対者であるジョン・メイナード・ケインズのそれであれ，エルンスト＝ウルリッヒ・フォン・ヴァイツゼッカーが説明するように，人口規模に関して，われわれは依然として「空っぽの世界」の条件下で活動することを前提としている。ヴァイツゼッカーによると，世界人口が少なく，過剰利用の可能性が限られているため，利用可能な資源は無限にあると考えられていた。つまり生態系から抽出された物質やエネルギーは，システム全体に深刻な影響を与えることなく，使用されたり廃棄されうる。達成された福祉は，主に地球の生態系によって確保され，限られた経済サービスによって補完されうるのだ。今日の"目一杯の世界"がまったく異なる状況に陥っているのは，まさに世界人口の増加と，それに伴う一人当たりの資源要求量の不均衡な増加の結果として，それらが大幅に増加したためである。長い間，生態系から物質とエネルギーを過剰に抽出し，汚染物質を生態系に投入してきた結果，生態系は弱体化し，大幅に劣化した。現在，福祉は一義的に経済的サービスに基づいており，生態系はほとんど関係がない。「空っぽの世界」という古い考え方は，啓蒙主義の合理性，自然と文化の根本的な分離，ひいては人間への焦点化と密接な関係があるが，聖書の「大地を従わせよ」という記述も，私たちの生活の基盤を破壊する行動規範へとつながっている。当初，何世紀にもわたって支配的であった「自然に相対する人間」は，次第に「自然へのアクセスをめぐる人間同士の対立」へと変化していった。啓蒙的思考によって，西欧社会のみならず，はるか彼方の何十億もの人々が，より長く，より幸福で，より豊かな生活を送ることができるようになったとしても，スティーブン・ピンカーがその論争文書『啓蒙主義の現在』で指摘しているように，啓蒙主義の

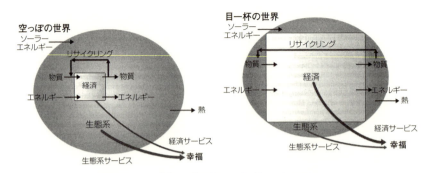

図1-3-4 「空っぽの世界」と「目一杯の世界」
(Weizsäcker and Wijkman, 2017, S,111 より)

人間中心主義は，同時に自らを不条理に貶めている。したがって，フランスの哲学者コリーヌ・ペリュションによれば，人間の生命は自然への依存を自覚し，それを認めるという洞察への根本的な転換が必要である。あるいは，ヴァイツゼッカーがいうように，経済の秩序と構造は，生態系の無秩序と破壊によって贖われている（Weizsäcker et al., 2010）事実上の有限システムである地球は，無限成長のパラダイムとは相容れないからだ。プラネタリーバウンダリーモデルは，このことを紛れもなく明らかにしている。

2-4. 解決策を考える

多くのグローバルな課題を克服するための特効薬はない。むしろ，さまざまな原因と，それに対応するさまざまな解決策への具体的なアプローチを対比させ，持続可能な開発に向かわせることが重要である。地球システムの再生能力を維持するための方策の中心にあるのは，全般的な資源需要の削減，特に排出の原因となるエネルギー需要の削減である。ラルフ・フュックスが提唱するように，経済成長と資源需要の切り離しによる「知的成長」，EUが構想するグリーン・ディール，あるいはジェレミー・リフキンが提唱する「グローバル・グリーン・ディール」によって，これがどの程度達成できるかは，現代の中心的な未解決問題である。しかし，米国の経済学者アンドリュー・マカフィーが示すように，私たちはすでにしばらくの間，「より少ない資源でより多くのもの」

を生産しており，彼の分析によれば，より少ない資源でより多くの成長と繁栄を達成している。ヴァイツゼッカーらが開発した「ファクター5」や，それに類似したアプローチのような戦略を，すでに成功させていることは明らかである。このアプローチによれば，現在の財の生産は，わずか5分の1の資源で生産することができる，言い換えれば，現在の資源の使用で財の生産を5倍に増やすことができるということになる。

とはいえ，社会心理学者ハラルド・ヴェルツァーが2013年の時点で述べていた現象は，今でも観察することができる。それによれば，伝統や文化といった安定的なものの変化がせまられるのであれば技術的な解決策や利用しやすい持続可能性戦略が利用可能になっても，自動的にその実行につながるわけではない。ヴェルツァーは最新作の中で，自分がどのように生きたかったかを知るために，諦めたり，やめてしまったことを大切にし，また自分の死亡記事を書いたりする文化を育むことを提案している。これには，2011年にティム・ジャクソンが論じたように，繁栄という概念についての集団的考察も含まれる。その上で，物質的な繁栄とその結果としての繁栄が支配的であり続けるのか，それとも時間的な繁栄や人間関係の繁栄がより重要視されるようになるのかを決めるのである。この議論を踏まえて，英国の経済学者は出版されたばかりの最新刊の中でこう問いかけている，「私たちはどのように生きたいのだろうか？」。

この問いに対する答えは，とりわけ，私たち人間が地球システムにおいて最も強力な要因であることを認識する必要がある。惑星の境界を受け入れ，その境界を超えないように，そして同時に最低限の社会基準を世界中で実現するように，私たちの行動決定を調整することによってのみ，私たちグローバル社会は，相互依存的な地球規模の課題の網の目から抜け出すための永続的な方法を見出すことができる。

歴史学者アネット・ケネルがいうように，古くて一見流行遅れに見える生活様式に注目するか，イーロン・マスクのハイパーループのような未来的なアイデアや地球工学の提唱者に従うかは，今後の議論を大きく形成し，盛り上げることになるのは間違いない。いずれにせよ，ロックストロームとガフニーが必要だと考えているように，「進化ではなく革命！」が近づいているようだ。ま

56　第1部　社会問題の解決を目指すこれからの日本の地理教育に向けて

とめると，これらの論者たちは，地球上での無限の成長と持続可能な人間生存は相互に排他的であるため，私たちがすでに「惑星の境界を突破」するところまで近づいており，行動の変化がいかに急務であるかを明らかにする。この問題を解決するために，「私たちは地球とのつながりを取り戻さなければならない」のである。

■ 3. 教育の役割

3-1. 教育の重要性

　国連は，こうした知識を広め，グローバルな課題に対応するために，学校教育を非常に重視している。このことは，「持続可能な開発のための教育」が「アジェンダ21」の第36章に盛り込まれた1992年には，すでに明らかになっていた。同じことは，「国連持続可能な開発のための教育の10年」(2005〜2014年)，「持続可能な開発のための教育に関する世界行動計画」(2015〜2019年)，そして2022年のベルリン宣言が「今こそ行動を起こす時である」と宣言したことにも示されている。

　世界プログラム「2030年に向けたESD」により，教育は，一方では2030アジェンダとその17のSDGsについての情報提供に貢献し，他方では，学習者が社会の積極的な形成者として持続可能な開発の目標を達成するために必要な能力を開発することを保証しなければならない。2030年までに，すべての学習者が，持続可能な開発のための教育，グローバル・シチズンシップ教育，文化的多様性の理解などを通じて，持続可能な開発に必要な知識と技能を習得するようにする。

3-2. 授業におけるグローバルな課題＝地球的諸課題

　このことは，公教育に対するESDに関する要求をどのように実現するかという問題，ひいては教育とその選択肢の具体的な設計という問題を提起している。非常にダイナミックな発展，絶え間ない変化，修正された課題を考慮すると，従来の自己完結的な知識は，既存の課題に対する次世代の準備（教育）に

はもはや有効ではない。その代わりに，個々のコンピテンシー開発が必要である。個人としても集団としても，グローバルな課題にうまく立ち向かうために必要なコンピテンシーは，何十年もの間，激しい議論の対象となってきた。しかし，2017年にユネスコが主要コンピテンシーの8項目からなるカタログを発表して以来，広範なコンセンサスが得られたようだ。ユネスコが推進する持続可能性キー・コンピテンシーには，以下が含まれる。

- 批判的思考（critical thinking competency）
- システム思考（systemic thinking competency）
- 予測（anticipatory competency）
- 規範（normative competency）
- 統合的問題解決（integrated problem-solving competency）
- 戦略（strategic competency）
- 協調（collaboration competency）
- 自己省察（self-awareness competency）

持続可能な開発のための教育と地理の授業との親和性は高い。そのためコンピテンシーを育むことの意義と同様に，「地球的諸課題」というトピックを授業で扱うことの必要性は疑う余地がない。しかし，生徒がグローバルな課題に対処し，それを克服するための準備を十分に整えるためには地理の授業で地球的な課題というトピックをどのように扱えばよいのだろうか。

間違いなく，十分性，効率性，一貫性という持続可能性戦略と，それらが一体となって初めて望ましい目標が達成できるという洞察に慣れ親しむことは重要である。しかし，これは非常に遠い理論的な領域にとどまり，学校の文脈における行動の欠如という中心的な問題を強調することになるだろう。より多くの学校が，程度の差こそあれ，「ホールスクールアプローチ」を実施することでこの問題に取り組んでいる。この文脈では，学校菜園が植えられ，カフェテリアに地域産品が供給され，持続可能な学生企業が設立され，社会的，生態学的，経済的，政治的，文化的な領域で，課外活動のパートナーとのさまざまな

58　第1部　社会問題の解決を目指すこれからの日本の地理教育に向けて

コミットメントが培われている。このようにして得られた経験は，将来の私生活や職業生活に対する学校の貢献とみなされている。

3-3.　問題志向から解決志向へ

　グローバルな課題という観点から，学校はそれ以上のことができるのだろうか？この問いに答えるためには，一般的な学校と地理教育が，この複雑な問題にどのように対処しているかを分析する価値がある。「geographie heute」と「Praxis Geographie」という2つの代表的な雑誌に掲載された地理教育の記事と，現行の地理教科書の抜粋を調査した結果，気候変動というトピックを例にとると，私たちはこのトピックを，解決志向の方法よりも問題志向の方法で3倍多く教えていることが明らかになった。そこでは以下のようなトピックが多い。

- 砂漠化と気候変動の緊張地帯にあるサヘル
- 気候変動という「一つの現象，異なる結果」。バングラデシュとオランダの海面上昇
- ネパールとスイスの氷河湖決壊。気候変動による新たな危険
- 雨が降らないとき-気候変動とナミビアの農業への影響
- 「海面下のシュレースヴィヒ＝ホルシュタイン」⁉気候変動と海面上昇

以下のような授業は例外的である。
- 干ばつに翻弄される？北米，アフリカ，アジアの事例から見る危機管理
- 更新世公園の永久凍土の融解は止められるのか？
- アフリカの半乾燥熱帯地域における砂防ダム気候変動の影響を緩和する学校プロジェクト
- スリランカ-古代の技術は気候変動の影響に対する答えとなり得るか？
- 欧州排出量取引（EU-ETS）は効果的な気候保護手段か？

　数十年にわたり，地理や社会科教育の分野では問題志向の授業設計アプローチが発展してきた。このアプローチは，教科書や教材に広く用いられ，現在も

続いている。こうした授業のパターンは，以下のように概説できる。

　授業の導入は，具体的な問題から始まる。地球的諸課題というトピックに関しては，例えば，教室で気候変動という課題に取り組むために，洪水のシナリオ，干ばつ地域，大規模な山火事の写真などが考えられる。あるいは，飢餓，貧困，移民というトピックを切り開くために，やせ衰えた人々や移民の流れを紹介する写真もある。このような指導案の大半は，問題の原因や側面に焦点を当てた後，問題解決のための可能なアプローチについて生徒と簡単に話し合うだけである。近年では，持続可能な開発の概念も取り上げられる。

教育心理学的な観点からいえば，これは「問題」への不釣り合いな集中を意味し，その結果，生徒たちに相応の結果や反応を引き起こす。「今日もまた世界が終わった！」というような反応は，この文脈でよく聞かれる。伝統的な問題志向の指導法が，問題解決アプローチに発展した場合でも，このようなことはよくある。このアプローチの利点は主に，扱われている問題に合わせた解決アプローチを模索することにある。しかし，この解決策という側面は通常，後回しにされ，時間的にも非常に制限されることが多いため，評価を含む議論に関しては敬遠される。

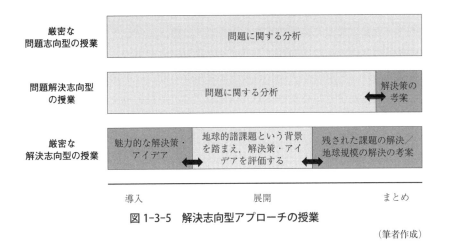

図 1-3-5　解決志向型アプローチの授業

(筆者作成)

60　第1部　社会問題の解決を目指すこれからの日本の地理教育に向けて

　このアプローチの影響と可能な代替案を知るために，次のようなシナリオが考えられる。1963年のマーティン・ルーサー・キング牧師の有名な演説で，もし彼が群衆に向かって「私には悪夢があった！」と叫んだとしたら，どのような効果があっただろうか？　しかし，彼は自分の言葉の影響力を知りながら，「私には夢がある！」と叫び，解決策と目標に向けたメッセージを発したのだ。この洞察を一般化して考えると，グローバルな課題を克服するための「解決策の提案」に主眼を置くことが重要である。

　このような「厳密な解決志向」のアプローチは，これまで主に上級レベルのテキスト『Global Challenges』で用いられてきた。解決策の提案やアプローチについての議論が焦点となる。解決策のアイデアは，グローバルな課題というトピックを扱う第一歩として位置づけられる。資源不足をテーマにした授業がフェアフォンの議論から始まったり，排出ガス汚染と気候変動をテーマにした授業がインテリジェントな街灯のコンセプトから始まったり，世界の水危機をテーマにした授業が高性能の新型セラミックフィルターの開発者に環境賞を授与することから始まったりすれば，生徒たちは最初から解決策志向の思考モードに入ることになる。授業の導入部で，魅力的な技術革新の有効性，その技術移転の可能性，世界的な応用の可能性を検討することになれば，「解決策」の観点から，テーマになっている課題の次元と原因を検討することになる。

　ユネスコによるところの持続可能な開発のための教育の枠組みの中で育成されるべき重要な能力である創造性，未来志向，解決志向，さらには批判的思考が育成される。それに伴う教育心理学的効果は絶大である。というのも，生徒たちは，自分たちがオープンな思考空間の中にいることを認識し，そこでは他人について考えすぎる必要はなく，自分のアイデアを実現するためのベースを考えることができるからである。

　さらに，提案された解決策が適切でないと判断された場合でも，憂鬱な気分が広がらないことも注目に値する。それどころか，「疑問視された提案が，限られた結果しか得られなかったり，転用できなかったり，現実には部分的にしか適していないことが判明したりした場合，残された問題をどのように解決すればいいのだろうか」という将来志向の疑問が必然的に生じる。

第3章 地理の授業でグローバルな課題にどう対処するか？

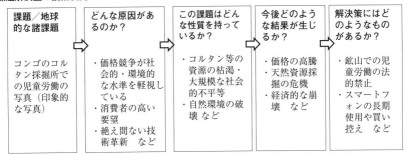

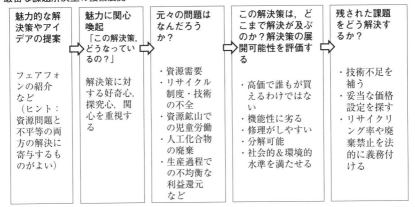

図 1-3-6　課題解決志向 VS 厳密な解決志向型：携帯電話生産におけるコルタン採掘の事例
（筆者作成）

とはいえ，厳密な解決志向の教育アプローチを適用することは，ある種の綱渡りであることに注意することが重要である。一方では，このアプローチは前向きで批判的な思考を促し，解決策や未来志向であり，創造性を解放し，生徒のやる気を引き出し，活性化させる。しかし，その一方で，技術への妄信，問題の次元や緊急性の矮小化，生徒の油断や不活発さを招く可能性もある。しかし，この両面を天秤にかけると，振り子は明らかに，厳密な解決志向の教育アプローチを支持する方向に振れる。これは，特に「地球的諸課題」というテーマについていえることである。

引用・参考文献

Füchs, R. (2013). *Intelligent wachsen: Die grüne Revolution.* Hanser Verlag.

Grant, B. and Dougherty, T. (2021). *Unsere Erde vorher und nachher: 250 Satellitenaufnahmen zeigen, wie wir die Welt verändern.* DuMont Verlag.

Headrick, D. (2021). *Macht euch die Erde untertan: Die Umweltgeschichte des Anthropozäns.* Wissenschaftliche Buchgesellschaft.

Hoffmann, T. (2018). *Globale Herausforderungen: Die Zukunft, die wir wollen.* Ernst Klett Verlag.

Hoffmann, T. (2021). Globale Herausforderungen und SDGs: Ein strikt lösungsorientierter Unterrichtsansatz. In Eberth A. and Meyer, C. (Eds.), *SDG Education: Die Sustainable Development Goals mit digitalin Medien erschließen und reflektieren* (Hannoversche Materialien zur Didaktik der Geographie 11). Institut für Didaktik der Naturwissenschaften, Leibniz Universität Hannover, pp. 16-24.

Hoffmann, T. (2021). Reisen wir bald im Vakuum? Hyperloop zwischen Planung und Realität. *geographie heute.* 355, pp. 32-35.

Jackson, T. (2011). *Wohlstand ohne Wachstum.* Oekom Verlag.

Jackson, T. (2021). *Wie wollen wir leben?* Oekom Verlag.

Kehnel, A. (2021). *Wir konnten auch anders: Eine kurze Geschichte der Nachhaltigkeit.* Blessing Verlag.

Mansberger, G. and Eilis, M. (2018). *New Human Footprint: Unsere Welt im Umbruch.* eoVision.

McAfee, A. (2019). *Mehr aus weniger: Die überraschende Geschichte wie wir mit weniger Ressourcen zu mehr Wachstum und Wohlstand gekommen sind und wie wir jetzt unseren Planeten retten.* Deutsche Verlagsanstalt.

Patel, R. and Moore, M. J. (2018). *Entwertung: Eine Geschichte der Welt in sieben billigen Dingen.* Rowohlt Verlag.

Pearce, F. (2008). *Die Erde früher und heute: Bilder eines dramatischen Wandels.* Fackelträger Verlag.

Pelluchon, C. (2021). *Wovon wir leben: Eine Philosophie der Ernährung und der Umwelt.* Wissenschaftliche Buchgesellschaft.

Pinker, S. (2018). *Aufklärung jetzt: Die Vernunft, Wissenschaft. Humanismus und Fortschritt: Eine Verteidigung.* Fischer Verlag.

Raworth, K. (2018). *Donut Ökonomie: Endlich ein Wirtschaftsmodell, das den Planeten nicht zerstört.* Hanser Verlag.

Riffkin, J. (2019). *Der globale Green New Deal.* Campus Verlag.

Rockström, J. and Klum, M. (2016). *Big World Small Planet: Wie wir die Zukunft*

第 3 章　地理の授業でグローバルな課題にどう対処するか？　　63

unseres Planeten gestalten. Ullstein Verlag.

Rockström, J. and Gaffney, O. (2021). *Breaking Boundaries: The Science of Our Planet.* Penguin Random House.

Römer, J. and Seidler, C. (Eds.) (2021). *Von oben: Die schönsten Geschichten, die Satellitenbilder über die Erde und uns Menschen erzählen.* Deutsche Verlagsanstalt.

Steffen, W., Broadgate, W., Deutsch, L., Gaffney, O. and Ludwig, C. (2015). The Trajectory of the Anthropocene: The Great Acceleration. *The Anthropocene Review,* 2.1, pp. 81-98.

UNESCO. (2017). *Education for Sustainable Development Goals. Learning Objectives.* UNESCO.

Weizsäcker, E. U. v., Karlson Hargroves, K. and Smith, M. (2010). *Faktor Fünf: Die Formel für nachhaltiges Wachstum.* Droemer Verlag.

Weizsäcker, E. U. v. and Wijkman, A. (2017). *Wir sind dran: Was wir ändern müssen, wenn wir bleiben wollen.* Gütersloher Verlagshaus.

Welzer, H. (2013). *Selbst denken: Eine Anleitung zum Widerstand.* Fischer Verlag.

Welzer, H. (2019). *Alles könnte anders sein: Eine Gesellschaftsutopie für freie Menschen.* Fischer Verlag.

Welzer, H. (2021). *Nachruf auf mich selbst: Die Kultur des Aufhörens.* Fischer Verlag.

Winiwarter, V. and Bork, H. R. (2014). *Geschichte unserer Umwelt: Sechzig Reisen durch die Zeit.* Wissenschaftliche Buchgesellschaft.

Wissenschaftliche Beirat der Bundesregierung Globale Umweltveränderungen. (WBGU) (2020). *Landwende im Anthropozän: Von der Konkurrenz zur Integration.* WBGU.

参考 URL

https://earthobservatory.nasa.gov/
https://www.footprintnetwork.org/
https://www.overshootday.org/newsroom/past-earth-overshoot-days/
https://doinggeoandethics.com/nachhaltigkeitsdilemmata/

補　説
解決志向型アプローチの実践報告
「どのように海をキレイにするか？」

クリスティアン・エンゲルス／山本隆太訳

■ 1. はじめに

　トーマス・ホフマンは，生徒が地球的諸課題を建設的な考え方のもと分析できるよう，「厳密な意味での解決志向型学習アプローチ」(strikt lösungsorientierte Unterrichtsansatz) を開発した。筆者はこのアプローチを用いて，2022 年の秋，ドイツのギムナジウム 9 年生 (日本の中学校 3 年生) の単元「どのように海をキレイにするか？？」の授業実践を行った。本稿では，この授業実践について報告するとともに，最後に，この新しいアプローチについて生徒のコメントを含めて振り返る。

　私たちの暮らす「青い惑星」の海は今，その存在が脅かされている。人間はあらゆる場所で海洋生態系に干渉し，前例のない程に海洋を汚染している。プラスチック，石油，過剰な肥料の流入や，海洋の二酸化炭素の吸収など，海は前例のない変化と脅威に直面している。このような大きな課題を前にして，私たちはそれでも希望を持ち続け，解決策を探すことが重要である。

　「どのように海をキレイにするか？？」の単元目標は，海洋汚染問題を解決するための創造的なアプローチを生徒たちに示すこと，海洋に関する地球的課題への感覚を養うこと，自分たちで解決策を創造的に模索する余地を与えることである。価値ある自然環境を維持するためには，生徒，私たち教師そして社会全体が力を合わせ，生活基盤である自然の保護に貢献する必要がある。そのためには，問題をシステミックかつ領域横断的に考察することが不可欠である。これは国連アジェンダ 2030 の SDGs の目標 4 (持続可能な開発のための教育) と

目標14（海洋の保護）に該当している。

　新しい「解決志向型学習」は「どのように海をキレイにするか？？」という授業名からも見てとれるように、ここでは解決策つまり「海をキレイにすること」が授業の中心であり、「海のプラスチック廃棄物」や海洋問題についての授業ではない。その一方で、タイトルの疑問符は、解決策のアプローチの見直しや検討を示しており、解決策が安易に提示されるのではないことを示している。

■ 2. 授業計画の全体像

　この学習単元は合計4回のダブルレッスン（2コマ連続授業）で構成されている。

　1回目のダブルレッスンで早速、解決志向型学習のアプローチが用いられる。プラスチック廃棄物を海洋から除去するオーシャン・クリーンアップ（OC）システムが授業の導入で取り上げられる。生徒たちはさらなる改善のための独自の提案を考え出す。その上で、その案を海洋生物学者の批判と対比して検討していく。つまり、河川から流入するプラスチック廃棄物を回収するという OC 回収機のやり方について、上述の批判の中でどう取り上げられているか、またそれが実際にはどうなっているのかを検討、検証する。この授業では、外洋でのプラスチックの回収から、河川からのプラスチックのさらなる流入阻止に至るまで、すべての解決策の提案に不可欠である、段階的な解決策の最適化というものが理解される。

　2回目のダブルレッスンでは、解決志向型学習アプローチをグループワークの一環として用いたが、その際、このアプローチが教員による指導を減らし、生徒中心の学習に寄与するかどうかも検討した。創造的な解決シナリオを選択するということは、海洋汚染問題に関して可能な限り幅広い範囲の内容をカバーすることであり、それはつまり、酸性化したバルト海の政治的な解決策から、スライプナー計画での二酸化炭素貯留のこと、さらにはペンギンを石油流出から保護するためのセーターの話にまで多岐にわたる。ここでは、広範な解決策とともに、部分的にしか効果のない解決策を意図的に提示し、解決策にはそれぞれその影響範囲や性質といった異なる特性があることを生徒たちに示した。

さらに，解決策の提案では，空間的な範囲も考慮する必要がある。太平洋の東部，大西洋の北東部，バルト海，さらにはオーストラリアからシュバルツバルトまで，関係する範囲は広範にわたる。さまざまな空間を考慮することで，生徒のオリエンテーションスキルをさらに強化することになる。扱うテーマは産業廃棄物や核廃棄物の投棄など，他の公害問題も考えられるが，海洋汚染問題に対する創造的な解決策の選択は，他と比べても，内容的にも空間的にも多様性を有している。

　3回目のダブルレッスンでは，発明者であり学生でもあるルイーズ・マスト（Luise Mast）とのオンラインディスカッションを企画した。彼女は洗濯機用のマイクロプラスチックフィルターを発明した人物である。このフィルターは，合成繊維の衣類を洗濯するときに排出されるマイクロプラスチックの約99%を回収するもので，フィルターは洗濯機の埃フィルターに重ねて設置できるため，ほぼすべての洗濯機で使用できる。マストは4年前に学校のプロジェクトの一環として発明を始め，2022年，19歳でドイツ全土から参加する「若者研究大会」（Jugend forscht）で最優秀賞を受賞した。受賞式ではベルリンでオラフ・ショルツ連邦首相と面会している。同年8月にはストックホルムで開催されるジュニアウォータープライズにも招待された。彼女はまさに解決志向で建設的な思考を体現する存在である。生徒にとって彼女は，年齢は19歳，距離はわずか60kmしか離れてないところに住んでおり，特に親しみやすい存在である。また彼女は，依然として男性優位のエンジニアリング分野で働く女性専門家であることも理由の一つである。彼女に対するオンラインインタビューは，アンケート作成から面接練習など，準備作業を含めて生徒主導で行われた。これは生徒にとって行動志向を高めるよい機会となった。

　4回目のダブルレッスンでは，インタビュー結果を振り返るとともに，後続の授業単元「気候変動による海洋の変化と考えられる対策」へと接続していく。二酸化炭素の影響が汚染の概念に組み込まれることで，気候変動がこの単元にうまく統合され，緩和と適応という専門用語がすでに導入された。

　以上の単元全体を通じて，具体的かつ実現可能な多数の解決策のアイデアが見えた。単元全体を通じてのみならず個々のレッスンにおいても，授業計画段

補　説　解決志向型アプローチの実践報告「どのように海をキレイにするか？」　67

階で解決志向の考え方を入れ込む必要がある。生徒のアクティブさは仮説の構築などの学習課題によって高められるが，これは議論を楽しむ活発なクラスで特に効果的である。独自の解決策を提案するという創造的なタスクも，生徒の積極的な主体性を引き出すものであった。

3. 授業展開

3-1. 1・2時間：ボーヤン・スラットが海をキレイにする？

　レッスンの初めに，3分間のドイツのニュース映像を流し，海洋浄化（OC）のアプローチを簡潔に紹介した。ここでは，考えうる解決策を明確にすることが重要であり，単なる問題の提示に留まらないようにすることが，生産的な解決志向の授業を始めるために重要である。

　OCの革新的な提案は生徒たちの好奇心を刺激し，尋ねられる前にすぐにOCのアイデアに対する疑問を抱き，批判し始めた。最初の作業段階では，上記の解決策がボードにメモされ，生徒は海洋プラスチック汚染の規模と帰結について調べた。これにより，解決策を検証するための重要な専門的な基礎知識を固めた。学校のiPadを用いて，ドイツのオンライン掲示板ツールOncooを使用して内容を保存した（Padletなどでも可能）。

　生徒たちは紹介ビデオに基づいて，OCに対する批判的な仮説を立てたが，それは非常に認知的に活発な状態であった。「それは動物に害を及ぼすのではないか？」，「プラスチック汚染の規模を考えると，それはまったく意味をなさないのではないか？」などの発言が即座にでた。これらを，アルフレッド・ウェゲナー研究所の海洋生物学者ベアクマンの批判と比較してみると，大きな類似性が明らかになり，生徒に特にモチベーションを与えた。また，この段階で提案された解決策にはまだ改善の余地があること，例えばプラスチックの流れを止めなければならないことが明らかになった。

　次に，OC Webサイトのダッシュボードについて講義を行った。ここでは，さまざまなライブデータが世界地図上で可視化され，廃棄物の回収量などのさまざまな情報を分析できる。ライブデータの地図は教室の壁掛け世界地図と比

較され，空間的な位置が適切に把握される。

　次の展開では，ワークシートを用いて，河川で使用されるインターセプターと呼ばれるゴミ回収機について学び，その上で専門家ベアクマンによる批評との比較を再度行った。生徒たちが回収機において上記の問題点がすでに考慮されているかどうかを検討したところ，「プラスチックの流れを減らす」といった点は改善されていたものの，「水棲生物に対する保護不足」といった批判点は有効であることがはっきりとした。その後の宿題では，「OC プロジェクトがプラスチック廃棄物による海洋汚染問題の解決策をどの程度提供するか」を再検討した。これらのテキストはクラスのチャットで教師に送信され，ランダムに修正された。

　マルチメディアをベースにした授業は生徒のやる気を引き出した。OC の現在のダッシュボードも，学生にとって興味深い洞察となった。この授業の展開は，解決策の提案，情報収集，解決策の批判と再検討という，解決策志向の教育の基本構造をよく反映している。

3-2. 3・4 時間：海洋の 4 種類の汚染に関する解決策指向のグループワーク

　2 番目のダブルレッスンでは，①重油による汚染，②富栄養化，③二酸化炭素，④マイクロプラスチックの 4 つに分かれ，グループワークを行った。マイクロプラスチックのグループは，前回授業からの連続性を重視して，プラスチック問題をさらに深めるものであり，その他のトピックは，海洋問題の多様性に目を向けさせるものであった。

　授業の導入ではまず，海洋問題の解決策がテキストと画像とともに提示され，「提案された解決策はどのような性質か？」，「それはどのような問題に対する答えになり得るか？」について短く議論した。次に，各グループはそれぞれのトピックの背景について調べたが，その際に配布した資料は 500 文字程度のテキストと 2 つ程度の画像からなるものとし，これによって学習テンポがどのクラスも同様になるように配慮した。詳細な作業指示を与え，グループ活動が停滞しないよう心掛けた。グループが独自の新たな解決策も作成するよう指示した。最後に，これらの内容を短いプレゼンテーションにまとめさせた。グルー

補　説　解決志向型アプローチの実践報告「どのように海をキレイにするか？」　69

プにはこれを行うために2時間丸々が与えられ，かなり自由にタスクに取り組んだ。

3-3. 5・6時間目：プレゼンテーションと面接の準備
(1) 発表

　各グループはマインドマップやフローチャートを活用し発表を行った。特に独自に考え提案した解決策はどれも非常に創造的であった。富栄養化対策として肥料ガイドライン策定または仮想フィルター施設を想定して硝酸塩に取り組みたいと考えたグループもあった。CO_2を地下に貯蔵することに着想を得た別のグループは，自称プロジェクト「CO_2 Fly High」を宇宙での過剰な二酸化炭素の処分に使用できると提案した。生徒たちは，自分たちのプロジェクトに適した輸送カプセルとロゴをデザインした。マイクロプラスチックを食べるバクテリアをOCシステムと連携させることを考えた。

　これらの例は，生徒たちが普段の授業よりもはるかに創造的に，より自由な思考を持って課題に取り組んだことを示している。通常は効率的に授業内容を進めるため，このクラスにとっては非常に珍しいことである。確かに，これらの提案は科学的な精査に耐えられるものではないが，生徒たちの考え方が変化したことが印象的であった。グループワークの発表では，生徒たちが主題を十分に理解していることが示され，実際に発表者全員が自由かつわかりやすい発表を行った。

(2) インタビューの準備

　このダブルレッスンの後半ではまず，教師からルイーゼ・マストについて短く紹介した。生徒は熱心に耳を傾け，彼女に非常に興味をもった。特に同世代の女性が科学の専門家として紹介されるのが珍しいこともあった。

　続いて，生徒が適切な質問を考え出せるよう，教師がマストの発明の基礎について説明した。これを踏まえて，生徒たちは自身でインタビューを企画・実施する必要があり，生徒はペアワークで質問を作成した。その後のインタビュー練習ではお互いに質問しあった。

70　第1部　社会問題の解決を目指すこれからの日本の地理教育に向けて

(3) インタビューの実施

　発明者ルイーゼ・マストに対するインタビューはオンラインで行った。マストはまず，地震のプロジェクトについて紹介し，技術的な図面，写真，短いビデオを使用して，フィルターの構造と機能を専門知識を使って説明した。フィルターがマイクロプラスチックの99%を回収すること，つまり洗濯機の排水の中には，一般的な飲料水よりもマイクロプラスチックが少ないことを意味するということを伝えた。

　また，質疑応答ではマストは生徒たちの質問に自信をもって答えた。彼女は自分の発明で大金を稼ぎたいのではなく，排水中のマイクロプラスチックの問題に政治が取り組み，解決して欲しいと考えていた。というのも，長年にわたってすでに簡単に実装できるフィルターのような解決策があったにもかかわらず，実装されていないという課題があったのだ。彼女は，このようなインタビューを通じてより多くの注目を集め，最終的には政治家に圧力をかけ，可能であればヨーロッパレベルで解決策を導入できるようにしたいと考えていた。彼女は，生徒にも具体的な選択肢としてフィルターの使用を進めた。

　インタビューの最後に，彼女は自身の解決志向の姿勢を次のように述べた。「私はついにマイクロプラスチックフィルターの開発に成功しましたが，このプロジェクトには多くの問題がありました。しかし，問題があって立ち止まってしまっては，それ以上は進みません。今はよい状況ではないけど，どうやって前に進めばいいの？と考えなければなりません。」

　インタビュー後，生徒に対しては会話から得た洞察を書き記すことを宿題として課した。

3-4.　7・8時間目：私たちは気候変動を遅らせているのか？海洋を例にした緩和と適応

　このレッスンでは，生徒たちは振り返りディスカッションの中で，ルイーゼ・マストが自分たちに与えた大きな印象について報告した。若い女性の専門家である彼女が，将来に向けた重要な社会問題に取り組み，解決策を雄弁に語ってくれたのであった。宿題は，オンラインツールWooclapに入力することとした。

補　説　解決志向型アプローチの実践報告「どのように海をキレイにするか？」　71

「小さな変化でも大きなことを達成できる」,「環境に良いことは誰でもできる」,「夢を追い続ければすべて達成できる」などの貢献は，マストのコメントの効果を示している。

　ディスカッションの後，私たちはレッスンの最後のトピックである気候変動について，その海洋への影響を制限するための対策について考えた。二酸化炭素のトピックを扱ったグループは，直前のレッスンへのリンク（接続）として機能した。パートナーワークで説明したさまざまな地球工学的な対策による解決策志向の学習はうまくいった。

　次に，海洋に向けた気候変動の原因と影響が調査された。生徒はグループで作用構造を作成した。その後，緩和と適応の概念が扱われた。これらは，気候変動に関して高等学校でも重要な内容である。ここで生徒のモチベーションを高めたのは，何よりも英語のワークシートであった。ワークシートを共同翻訳するなかで，外国語が生徒に強い刺激を与えていた。

　シャルム・エル・シェイクで開催された国連気候会議（2022年11月6日～18日）は，地球温暖化に関する世界的な議論における緩和と適応の重要性を具体的に示す機会を提供した。これらの教育トピックは現在議論されており，単に「教科書の中で行われている」だけではない。もちろん，COP 27について徹底的に議論することはできないが，生徒が知らなかった気候会議についての関心を喚起することができた。

■ 4. 単元の終わり─生徒のフィードバック

　単元の最後には，解決志向型アプローチの概要が示された。結果として，問題の全体像ではなく，解決策の全体像が得られたため，生徒たちはこの単元を通じて視点が変わったことに改めて気づいた。

　「学習単元「どうすれば海をキレイにできるか？」で多くを学んだか？」という質問に対しては，24人の生徒が同意した（n＝27）。批判として，数名の生徒にとっては，授業内容が重たすぎたというものであった。宿題を減らしてほしいという要望も数件あった。「褒める」ものとしては「授業はとても楽しか

った」，「興味深い」，「多様性がある」，「新しかった」，「創造的」，「現代的」，「新しい視野を開く」といったものが挙げられる。

「気候変動について自分で何かをしたいという動機は変わらなかったか？」という質問に対しては，生徒の3分の2が変わらなかったと答え，3分の1が，「より動機づけられた」と答えた。「プラスチックの含有量にもっと注意を払うようになった」，「気候変動と闘うために自分で何かできることがある」というコメントのように，自分の行動を再考する意欲が明確になる者もいた。マストについては，「たとえ小さなものであっても，マイクロプラスチックフィルターのようなものは，大きな違いを生むことができる。」というコメントもあった。

「レッスン前の自分の態度と比べると，海洋汚染というテーマに関して楽観的か，変わらないか，悲観的か」という問いに対しては，多くの生徒は海洋汚染の問題について楽観的ではなかった。生徒は，授業を通じて初めて汚染がどれだけ深刻であるかを知ったところ，状況に対してより悲観的になることがあると述べた。ただし他の学生は，課題についての新たな知識を獲得したにもかかわらず，解決策に対してはより楽観的だと述べた。

トーマス・ホフマンがこの授業方法の潜在的なデメリットとみなしたテクノロジー信仰傾向や無気力は，今回のクラスでは発生しなかった。

解決志向型アプローチにもかかわらず，「ほぼすべての解決策にはさらなる問題が存在する」，「いくつかの解決策はあるが，それだけでは十分ではない」，「悪循環だ。すべてはつながっている。」などのコメントがあった。

提案されたさまざまな解決策を繰り返し検討することで問題の複雑さが明らかにはなったものの，一部の生徒にとっては動機づけの効果がなかったことが示唆された。また，他の生徒は，「問題を解決するには多くの解決策があるが，対策はもっと支援される必要がある」と述べた。

以上が27人の生徒のアンケートに基づく考察である。

問題を認識し，解決策を検討した結果，各人のそれぞれの結論は大きく異なる。しかし，一部の生徒が問題を自分自身の行動の選択肢と結び付け，自分の生活の中で物事を変えようとしているという事実は，この学習単元の効果と見なされる。

第 2 部

地理システムアプローチによる図式化と社会変容をとらえることの意義

第1章

地理学習入門期における図式を活用した地域変容の予測とその効果

中村　洋介

1. 社会問題を予測するための図式 (システム図) の活用

中学校の地理的分野では，地理学習の初期に「世界の気候と生活」を学ぶ。その単元では，4社の教科書ともアンデスの高地の事例が紹介され，自然環境に対応した伝統的な牧畜や生活様式と，近年の観光地化による変容が取り上げられている。例えば，気候に対応した牧畜などの生業や，建築に木材ではなく石や日干し煉瓦など使う工夫は，地域に根づく安定した人間－自然システムのひとつといえよう。そのような多くの要素を含む自然と人間の関係の理解には，事象間の関係を示す図式でとらえる学習が有効である (中村，2021)。

世界の高地では，観光の活発化で経済効果が生まれる一方，農地の縮小，大気・水質汚染，廃棄物の増加，伝統的な景観や住民の習慣の変化などが生じているという (プライス，2017)。高地でも開発によって安定した人間－自然システムが崩れつつあることが示唆される。現行の中学校の学習指導要領では，「世界の気候と生活」の学習で身につける思考・判断・表現の指針として，「人々の生活の特色やその変容の理由を，その生活が営まれる場所の自然及び社会的条件などに着目して多面的・多角的に考察し，表現する」としている。地域の自然・社会条件をもとに地域の変容とその要因を学習者が思考し，それを視覚的に表現するためには，システム思考にもとづいた図式[1]の活用が期待される。

筆者は，中学1年の地理学習入門期に，人間－自然システムとその図式からその変容を予測し，社会問題をとらえるための授業を試みた[2]。本稿では，その授業実践例を紹介して，予測の評価とともに図式活用の有効性を検討する。

第1章　地理学習入門期における図式を活用した地域変容の予測とその効果　　75

■ 2. 教材・授業デザインのポイントと視点

　本実践では，アンデスの比較対象としてチベットを取り上げ，両地域の共通点・相違点から高地の地形・気候と生活様式との関係，および地域変容をとらえられるように計画した。チベットについては，アンデスを扱った教科書の仕様に合わせて，本文や写真などを配置したプリントを自作した。

　授業で使用した教科書と副読本には，次の内容が紹介されている。a．アンデスの高地に高山気候がみられる。b．高所から低所に向けて，リャマ・アルパカの牧畜，じゃがいも栽培，とうもろこし栽培の土地利用がみられる。アルパカの毛は衣服などに使われる。c．家屋の壁には石や日干し煉瓦が使われる。d．観光地化が進み，観光業に従事する人が増えている。e．保存食のチューニョがある。チベットについては，プリントに次の内容を示した。a'．チベット高原には緯度のわりに冷涼な気候がみられる。b'．低所での大麦，菜種油の生産と高所でのヤクの移牧が行われている。c'．人々はヤクの毛，乳，糞を利用し，乳からはバターを生産する。d'．家の壁には石が使われることが多い。e'．観光客の増加とラサの都市開発が著しい。

　次の点を本実践では重視した。アンデスとチベットでは，形態は異なるものの高原という地形と緯度のわりに冷涼な気候に適応した伝統的な農牧業が続けられ，それに対応した生活様式がみられる。しかしながら，このような安定した事象間の関係は開発などの影響を大きく受けて変容する可能性がある。両地域の近年の変化として，チベットでは，移牧が伝統的に行われてきたが，現在では定住化が進み，自給自足から商業的な形態へと変化してヤクの牧畜が縮小している（南，2018）。アンデスでは，市場経済の浸透とともに換金作物への転換が進んだ結果，地力の劣化が生じ，農村から都市への人口移動がみられ，加えて観光化によってアルパカの食肉需要が増加しているため，今後の牧畜に影響がおよぶ可能性がある（鳥塚，2019；山本，2019）。

　地理教育のシステム思考の重要な点として，人間−自然システムの理解とともに，地域の変化をフィードバックでとらえる考え方もある。フィードバックには正のフィードバックと負のフィードバックとがあり，前者は急速な成長を

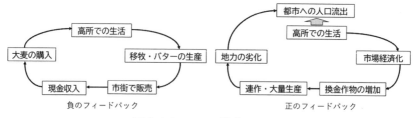

図 2-1-1　フィードバックの例

（メドウズ，2015 をもとに著者作成）

生み出すように，増加を促進する循環的な働きを示すのに対して，後者は成長を規制して安定した状態にシステムを維持する働きをする（メドウズほか，1972）。後者を例にすると，チベットの高所の住民は，移牧で得られるヤクのバターを自給して集住するラサの住民にも供給し，低所で生産される大麦と交換することで生活を維持した（図2-1-1）。一方で前者は，アンデスの「市場経済化→換金作物の増加→地力の劣化→都市への人口移動」というように，社会の変化が促進された。市場経済化は食肉需要の増加によって地域経済を活発化させる作用がある一方，その増加は粗放的な牧畜システムを崩し，商業的な牧畜へと変化する反作用を内包している。授業では，そのような正のフィードバックの発生というシステム思考の視点が社会問題を考える手段となることを示したい。

本実践の中核は，社会問題をともなう地域変容について，地理的な事象間の関係を根拠にして将来起きそうな変化を学習者が予測することである。ただし，地理を本格的に学ぶ入門期であることを意識して，複雑すぎるシステムにならないように，図式は両地域の共通点を踏まえた全体を認識する程度のものとなるように配慮した。本実践のねらいは，高地の人間－自然システムを理解しながら，開発が進んだ場合の地域変容について，事象間の関係を整理して正のフィードバックを説明するというシステム思考による考え方を学ぶことである。

第1章　地理学習入門期における図式を活用した地域変容の予測とその効果　　77

■ 3. 授業の実践・評価・図式（システム図）の効果

3-1. 授業の概要

　授業は，前半に諸資料からアンデスとチベットの両地域に関する情報を生か
して自然と生活様式の対応を学習者が整理し，後半に地域の変容を予測すると
いう3時間で構成した（表2-1-1）。

　第1時は，導入の後に，教科書，副読本，プリントを用いて，両地域の自然
と人間の関係に関わる共通点・相違点を挙げさせた。第2時は，学習者間で発
表し合った後に，教師が資料を提示しながら，前章で示した両地域の共通点・
相違点の概要を整理させた。第3時は，両地域の高度別の土地利用を模式図で

表2-1-1　単元構成と学習展開

時間	学習展開
第1時	・クスコ（アンデス）と東京の雨温図を提示して，クスコの毎月の平均気温がほぼ12度で推移していることに疑問を持たせる。【導入】 ・アンデスとチベットの位置と地形（高原）を地図帳で確認させる。 ・教科書，副読本（資料集），プリント（チベットについてのプリントと，アンデス・チベットの牧畜民の生活を説明したプリント）を活用して，高地であるアンデスとチベットの自然と人々のくらしについての共通点と相違点をワークシートに挙げさせる。【班活動】
第2時	・他班との間で共通点，相違点を発表し合い，自身のワークシートに補充させる（他の2つの班との作業）。【発表】 ・教師はスライドで両地域の年間の気温，家畜，保存食，家屋，観光開発を中心に示し，両地域の共通点，相違点を振り返らせる。【人間－自然システムの理解】
第3時	・両地域の標高別の土地利用について，ワークシートに地域別に標高ごとの土地利用を模式図に整理させる。【班活動】 ・座席の移動を自由にして他の学習者と情報交換させ，その後に代表者（学習者）の模式図を投影して発表させる。【発表】 ・（標高ごとの土地利用の模式図を見て）両地域とも高所で牧畜をしている理由を考えさせ，その後に教師が解説する。【人間－自然システムの理解】 ・ワークシート内の図式（システム図）の空欄に入る語句を考えさせ，教師はその語句を示す。【人間－自然システムの理解】 ・人間－自然システムの図式を参考にして，高地で観光開発が進行していった場合の地域変容を予測させ，ワークシートに記入させる。【班活動，地域変容の予測】 ・（ワークシートを提出させた後）ポタラ宮，マチュピチュが世界遺産であることを示し，観光化とともに持続可能な開発が必要であることを確認する。【まとめ】

注）実践校は1コマの授業時間が60分である。　　　　　　　　　　　　　　（筆者作成）

78　第2部　地理システムアプローチによる図式化と社会変容をとらえることの意義

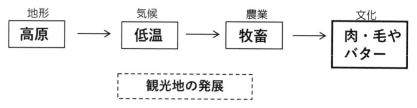

図 2-1-2　チベットとアンデスの人間－自然システムを示す図式

(筆者作成)

注) 4つの領域 (実線枠) とそれらを結んだ矢印がワークシートに示した基図で，ワークシートでは実線枠内が空欄となっている。実線枠内の太字 (キーワード) は学習者に記入させた。破線枠内の「観光地の発展」はAクラスの学習者のみに基図に記入させた語句である。

示させて，その空間的な共通点を確認した。次に，ここまで学んできた人間－自然システムの整理のために，地形，気候，農業，文化の4つの領域とその関係を矢印でつないだ直線の素朴な図式を用意した (図 2-1-2)。図式の各領域は空欄になっており，空欄に両地域に共通する語句を考えさせた。それらの語句を共有したうえで，その図式を参考にしながら地域の変容を予測させ，ワークシートに記入させた。学習者は，素朴な図式を活用して，影響を与える要素を増やして考察していく。

3-2. 地域変容の予測と説明類型による評価

　図 1-2 の図式を用いて，教師から「観光地が発展していくと，図式はどのように変化するか予測しなさい」という問いを発した。AクラスとBクラスでは予測の説明の求め方を変えた。Aクラスでは，図 1-2 の下部にみられるように，「観光地の発展」という語句を図式中に補助して，図式で予測を説明しようという指示のもとに作業させた。Bクラスでは，そのような指示を与えなかった。両クラスのワークシートを比較すると，学習者の説明方法に顕著な違いがみられた。Aクラスでは 31 人のうち 28 人が図式を用いて予測を説明したが，Bクラスでは 30 人のうち 10 人が図式を用い，16 人が文章のみ，3 人が高度別の土地利用の模式図を用いて説明した。

　学習者の予測説明について，事象をどこまで関係させているか確認する。そのために，学習者が説明に用いた事象間の関係を原因と結果あるいは相関関係

第 1 章　地理学習入門期における図式を活用した地域変容の予測とその効果　79

としてとらえ，推論の段階を判定する。その段階については，Ⅰ型からⅢ型のように分類して判別した。

　学習者の予測説明文を例にして分類を解説する。「観光地の発展によって，有名なところが保護される」と述べられていた場合，その推論は，「観光地の発展，すなわち観光客の増加によって」，「観光地のオーバーユースが起きるので」，その結果「有名なところ（観光地）が保護される」ということになろう。そこでは，観光客のオーバーユースという中間の事象が明示されておらず，説明型としては関係性を欠いたⅠ型となる。次に，「観光地の発展によって，開発されて草が育たなくなる」という説明の場合，観光地の「開発」で，「草」が減少するという予測がされている。観光地の土地「開発」という事象と「草」地の消失という事象の関係は明らかなので，事象間を1つの関係で結んだⅡ型の予測となる。さらに，「観光地の発展によって，外国人観光客が増加して，英語を話す住民が増加する」という説明の場合，「観光地の発展」と「外国人観光客の増加」という関係がつながり，「外国人観光客の増加」と「英語を話す住民の増加」も関係が成立することから，「観光地の発展」を含めて3つの事象が結ばれるⅢ型に相当する。なお4つ以上の事象の関係づけを示した場合はⅢ'型とした。

表 2-1-2　予測の説明方法別・説明型別の学習者数　　（人）

	Ⅰ型	Ⅱ型	Ⅲ型	Ⅲ'型	分類不能
Ａクラス（n＝31）					
図式活用 　※「観光地の発展」の補助あり（n＝28）	3	6	11	6	2
文章（n＝2）	－	－	－	－	2
その他（n＝1）	－	－	－	－	1
Ｂクラス（n＝30）					
図式活用（n＝10）	5	2	2	1	-
文章（n＝16）	4	4	4	1	3
高度別土地利用（n＝3）	2	－	1	－	－
その他（n＝1）	－	－	－	－	1

（筆者作成）

Bクラスの説明文の各文の前には，Aクラスで示した「観光地の発展によって」という文言を補ったうえで，上記の説明型の分類にあてはめた。各クラスの説明方法と説明型を集計し，各項目の学習者数を表2-1-2に示す。BクラスはAクラスよりもⅠ型が多く，Ⅲ型やⅢ'型が少なかった。

図式を活用したBクラスの学習者EによるⅠ型の例を図2-1-3に示す。図2-1-3では，図式中の地形，気候，農業，文化の領域のうち，地形と気候について，その変化に影響を与える要因を付記した予測が立てられている。ただし，予測に至る過程で，「機械の導入」が進むという関係性の説明が不足している。

Aクラスの学習者の図式を活用した学習者のⅡ型，Ⅲ型，Ⅲ'型の3つの例を示す。図2-1-4は学習者FによるⅡ型の例である。観光地の発展によって「建物が増え」，その結果，「バターがなくなる」という予測が立てられている。図2-1-4の図式を筆者が補足すると，観光地の発展によって「建物が増える」という関係は都市化が進んだという予測と解釈して2つの事象の関係が成立して

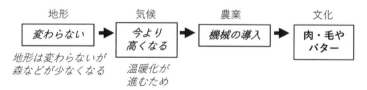

図2-1-3 図式で予測を説明したBクラスの学習者の例（Ⅰ型）

注）学習者の図式を筆者がそのまま清書した。斜字は学習者が記入した箇所である。以下の図も同じである。

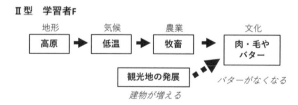

図2-1-4 図式で予測を説明したAクラスの学習者の例（Ⅱ型）

注）破線の矢印は学習者が記入した箇所である。以下の図も同じである。

第1章　地理学習入門期における図式を活用した地域変容の予測とその効果　　81

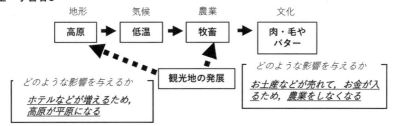

図 2-1-5　図式で予測を説明した A クラスの学習者の例（Ⅲ型）
注）下線は筆者が加筆した。その下線部は一つの事象ととらえる。以下の図も同じである。

いるとする。そして，草地の減少や，第一次産業から第三次産業へと労働力の移動によって，結果的に牧畜の生産力が下がることで「バターがなくなる」，という予測が成り立つ。しかし，学習者 F の説明では，「建物」と「バターがなくなる」の間に入る中間項が不足している。

　図 2-1-5 のⅢ型の説明は A クラスに多くみられ，A クラスの学習者の 40％を占めた。学習者 G の図式では，矢印が「観光地の発展」から「牧畜」に向かっている。観光地の発展によって，「お土産」の産業が成立し，その産業の発展で働く場としての「牧畜」に影響して，牧畜従事者が減少するという予測を立てている。換言すれば，サービス業の従事者が増えるという正のフィードバックが働いている。一方で，「牧畜」の矢印の先には文化の領域があるが，牧畜の変化による肉・毛・バターの衣食文化の変容までは予測されていなかった。なお，図の左の「ホテル」の建設で「高原が平原になる」ということは考えられない。ここでは，高原という広域スケールの事象と施設用地の改変という局地的スケールの事象の混乱がみられる。[5]

　Ⅲ' 型の例を図 2-1-6 に示す。Ⅲ' 型も A クラスのほうが多く A クラスの 19％がⅢ' 型となった。学習者 J の図式では，「観光地の発展」から地形と文化の領域に矢印が伸びている。文化の領域への予測では，観光地の発展によって，「放牧ができなくなる」ことで，バターが不足することを説明している。さらに，観光地の発展によってバターが売れるため，相乗効果でバターが足りなくなるという系列を正のフィードバックで予測している。また，矢印は「高原」に向

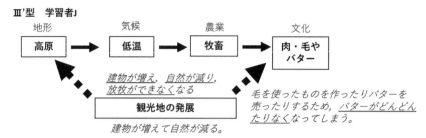

図2-1-6　図式で予測を説明したAクラスの学習者の説明例（Ⅲ'型）

かい，「建物が増え」，草原の「自然が減り」，「放牧ができなくなる」という系列も述べられている。図2-1-6の予測は複雑性のある関係を示しているといえる。

3-3. 説明類型による分析と図式の効果

　表2-1-2で示したA・Bクラスの予測の説明方法別・説明型別の学習者数によれば，「観光地の発展」を図式に記入して予測をしたAクラスでは，図式活用者の28人のうち11人がⅢ型，6人がⅢ'型であった。一方，図式に「観光地の発展」を記入しなかったBクラスでは，図式活用者の10人のうち2人がⅢ型，1人がⅢ'型であった。割合にすると，AクラスのⅢ型，Ⅲ'型の合計は61％であり，BクラスのⅢ型，Ⅲ'型は図式と文章を合わせて31％であった。

　事例数は限られるが，この結果から，「観光地の発展」を図式に入れ，図式を活用するように指示したAクラスでは，Ⅲ型，Ⅲ'型として，複数の事象間を関係づけて予測した学習者が多かった。とくに，Ⅲ'型の学習者の中には，図2-1-6にみられたように，複雑な事象間の系列を示した例もみられた。

　文章で説明する場合でも，複数の事象を関係させて予測を説明することは可能である。しかし，Aクラスのように，図式に「観光地の発展」を補い，その図式に変容とその理由を示した場合は，複数の事象を関係づけた予測が多くなった。このことから，図式に鍵となる語句を付加することで，学習者は図式からより多面的な事象間の関係に気づくようになり，図式内で説明しやすくなったのではないかと考えられる。

　正のフィードバックについては，図2-1-5のⅢ型，図2-1-6のⅢ'型の説明

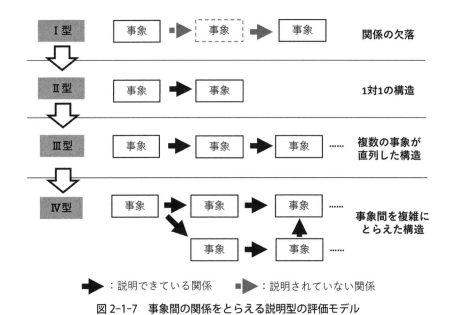

図 2-1-7　事象間の関係をとらえる説明型の評価モデル

にみられた。「観光地の発展」という経済効果の一方で，バターの生産の増加を促すなどのように変化が促進されるという予測もみられた。

　図式に基づいた学習者の予測説明の評価を図 2-1-7 に示す。Ⅰ型の関係の説明の不足の構造，Ⅱ型の事象間の 1 対 1 の構造，Ⅲ型の複数の事象が直列した構造というような段階的な評価モデルが考えられる。図 2-1-6 ではⅢ'型として示したが，複雑な事象間の関係をとらえた場合は，Ⅲ型の上位の複雑系の理解を表現できたⅣ型として評価することも考えられる。

4. 地域変容を予測する学習の意義と今後の課題

　学習者の地域変容の推論を促すために，教師から図式の活用とそこに補助する語句を指示した結果，学習者は事象の関係をより広範囲に拡大させ，複数の事象間の関係を説明した。補助の語句なしの図式を示したBクラスでは，事象間を 1 対 1 の構造で説明した学習者が多かった。このことから，システム思

84　第2部　地理システムアプローチによる図式化と社会変容をとらえることの意義

考の入門期の場合，図式の活用に加え，語句の補助が有効に働くと考えられる。

　複雑なシステムを文章で説明させる手法もある。しかし，Bクラスでは多くの学習者が人間－自然システムの図式を十分に生かすことができなかった。一方で，Aクラスのように視覚化されたシステムの図式を学習者との間に媒介させることで，これまで学習してきた事象の関係を生かして予測し，その表現力を向上させることができそうである。正のフィードバックの理解についても，同様に図式を活用することで理解が発達するようになると考えられる。

　一般的には「世界の気候と生活」の学習後に世界の諸地域を学習する。そこでは，より多くの自然環境と人間生活の事象を学ぶ。池 (2023) は，網羅的な暗記を防ぐために，関係認識という地域を構成する事象同士のつながりを見出し，最終的に地域的特色を把握する学習を提案している。地理学習の入門期にシステムを示す図式で自然と人間の関係を認識させたうえで，地域の持続的な将来について協議させる展開があってもよい。

　本実践では，正のフィードバックによる変容とその問題への気づきにとどまり，地域変容の予測を活用して，問題の改善・解決に至るプロセスまでは進めなかった。学習経験がある程度充実してくる世界や日本の諸地域の学習の機会になれば，地域の経済成長と環境のバランスを考える時間を設けることができるだろう。授業ではいずれの場合でも，増幅を強化する正のフィードバックの現状を踏まえて，学習者には安定を保つ負のフィードバックの視点で考察させることが今後の課題として残される。

〈読者へのメッセージ〉

　高地では，開発によって正のフィードバックの働きが作用して，これまで調和してきた人間－自然システムが開発によって崩れてしまうという構造的な変容を予測させた。地理学習の入門期では，各地の人間生活は自然環境に影響されたり，影響を与えたりしているという基礎的な事例の学習が中心となる。それは地理の得意とする地人相関の分野でもある。その得意分野を知識理解のみに留めたくない。入門期でこそ生活と環境の関係を図式でとらえながら重要な変容のポイントを特定し，その地域の人間－自然システムがどのように変容す

るのか考えさせたい。その学習経験は環境と社会の問題を解決するための発想に生かせるはずである。学習が進めば，身近な地域の人間－自然システムを図式化して，現在起きている環境や社会の変化を持続可能な社会の視点で探究する学習が行える。

注

1) 本稿では，諸要素の関係を矢印で示したシステム思考に基づく図式をシステム図と総称し，本文中では図式と表現する。
2) 授業は勤務校の中学1年生に対して2018年7月に実施した。
3) 使用した教科書は帝国書院の『社会科中学生の地理』，副読本は正進社の『地理の資料』である。
4) メドウズ (2015) は，正のフィードバックを自己強化型，負のフィードバックをバランス型と表現している。
5) スケールのとらえ方に明らかな誤りが見られたが，その誤りは不問として，上述の観光地と農業の関係を複数の事象でとらえていたことを評価した。空間スケールの図式への表現方法は今後の課題である。

引用文献および教材開発のための参考文献

池俊介 (2023)「地誌学習の特徴と時期改訂に向けたアイデア」日本地理教育学会『新地理』71.2, pp. 93-97.

鳥塚あゆち (2019)「アンデス高地のおける牧民の生活—リャマ・アルパカ利用と日帰り放牧—」山本紀夫編『熱帯高地の世界—「高地文明」の発見に向けて—』ナカニシヤ出版, pp. 33-68.

中村洋介 (2021)「関係構造図による東南アジア・アフリカ熱帯地域の比較と熱帯雨林の縮小」地理教育システムアプローチ研究会編『システム思考で地理を学ぶ—持続可能な社会づくりのための授業プラン—』古今書院, pp. 64-69.

南太加 (2018)『変わりゆく青海チベット牧畜社会—草原フィールドワークから—』はる書房.

プライス, F. マーティン著, 渡辺悌二・上野健一訳 (2017)『山岳』丸善出版.

メドウズ, D. H. 著, 枝廣淳子訳 (2015)『世界はシステムで動く—いま起きていることの本質をつかむ考え方—』英治出版.

メドウズ, D. H. ほか著, 大来左武郎監訳 (1972)『成長の限界—ローマ・クラブ「人類の危機」レポート—』ダイヤモンド社.

山本紀夫 (2019)「熱帯アンデス高地の環境利用—ペルー・アンデスを中心に—」山本紀夫編『熱帯高地の世界—「高地文明」の発見に向けて—』ナカニシヤ出版, pp. 70-102.

第 2 章

社会課題の解決にシステム思考を
働かせて最適解を見出す地理学習

首藤　慧真

■ 1. 社会課題の解決構想において，「他人事」を
　　システム思考が乗り越える可能性

　地理学習において，地球的な課題にせよ，地域的な課題にせよ，その課題の詳細を学習し，生徒たちが最後に解決策を構想するような授業実践を行った場合に生じやすい典型的な問題は，生徒による解決策の提案がどれも理想論的であり，他人事な立場からの考察で終始しがちであるという点である。あるいは，「地球温暖化に対して，自動車の利用を控える。」「過疎化に対して，人々が働くことのできる場を作る。」などのように，一見，合理的であるかに見えて，それだけでは課題は解決しない，あるいはそれが実現されていないからこそ，現在課題が生じている（いわば課題の裏返しの）ような，現状の一面的な認識による提案が散見される点にある。これは学習指導要領の言葉を借りれば，一つの課題を多面的・多角的にとらえることができていない状態といえよう。つまり，課題を生み出している各事象の特徴やその影響が構造的に認識できておらず，システム思考を上手く働かせることができていない現れともいえる。逆の見方をすれば，システム思考はある課題の解決について構想するような地理学習における実践において，非常に重要な思考様式であり，他人事で理想論的な提案を乗り越えるために必要不可欠な視点であると考えられる。

　一方で，多数のさまざまな事象が複雑に影響を及ぼし合い，一つの地域課題や社会問題を構成しているという認識に立つシステム思考を地理学習に取り入れる際，「事象間のつながりの正しさはどう担保するのか」「事象のつなぎ方に

唯一の正解がないのであれば，何でもありになるのではないか」といった類の質問を筆者自身が複数回受けたことがある。システム思考を取り入れた授業実践では関係構造図やフロー図といった思考ツールが利用される場合が多いが，思考ツール上で事象をつなぐ作業の目的は，あくまで複雑な課題の構造を見える化して複雑性をとらえることにある。そしてその複雑性や事象同士の相互作用を理解した上で課題解決に向けた構想を行う。「正しくつなぐこと」が目的化するのではなく，思考ツールをツールとして適切に使いこなし，システム思考を上手く働かせた上で，生徒が多面的・多角的に考察することができているか，に主眼が置かれなくてはならない。阪上（2019）は地理学習においてシステム思考は，それを用いて学ぶ「必要性」があり，「学習目標」になり，「学習内容」になり得るとする。本報告ではこの考え方を具現化する実践として報告する。

2. 実践における教材・授業デザインのポイントや視点

　上述のような留意点を踏まえ，本実践では高等学校普通科2学年地理探究『小地形』の単元において，単元を通して各小地形の形成に影響を与える諸概念を獲得し，単元のまとめではフランスのモン・サン・ミシェルにおける地形改変の歴史を事例として，システム思考を用いてその課題解決を構想する授業を実施した。

　モン・サン・ミシェルは小地形の砂浜海岸で学習する陸繋島と陸繋砂州（トンボロ）の具体例としても有名であり，潮の干満差は年間で15mを超える特異な自然条件をもつことから，満潮時には陸地部分から隔絶され，海に浮かぶ修道院として古くから巡礼者や観光客で賑わってきた。世界文化遺産にも認定され，日本人観光客にも人気の観光地である。このモン・サン・ミシェルは1877年から，トンボロ部分に大量の土砂を入れ，潮の干満差に関係なくいつでも島へ渡れるように地続きの道路を人間が人工的に造成した歴史をもつ。これによって当時はトンボロ部分に鉄道が敷設されるなど，大量の巡礼者や観光客を受け入れることが可能となった。一方，河川の河口付近に位置するモン・

サン・ミシェルでは，地続きの道路建設によって潮汐の流れが変わり，何十年もかけて河川から供給される土砂が修道院の周囲に約3mの高さで堆積したことにより，かつて年間300日ほど海に沈んでいた修道院は年間50日程度しか沈まなくなってしまった。人間による観光や経済活動を優先して地形を改変した結果，自然環境に大きな影響を及ぼし，それが再び人間活動に悪影響を及ぼした人間－環境システムの具体例としてわかりやすいため，本実践のまとめ部分でこの事例を扱うこととした。

モン・サン・ミシェルでは土砂の堆積による景観の悪化を改善し，観光資源の魅力を取り戻すため，2014年から実に約300億円もの経費を投じて，地続きの道路を撤去し，細い橋脚をもつ橋に架け替える工事を実施した。自然の潮汐作用によって再び堆積した土砂を沖合へ運搬させるためである。しかし，この事実は生徒たちへ授業の終結部まで伝えていない。また，生徒たちが解決策を構想したのちに，この事実を言い当てることが目的でもない。あくまでも本実践は，小地形で学習した諸概念を理解し，活用し，生徒たちがシステム思考を用いて論理的に課題解決のための最適解を協働で作り出す過程を重要視し，その意義を体感することを主眼とした。

なお，高等学校学習指導要領解説（平成30年7月告示）の地理歴史科「地理探究」では大項目A現代世界の系統地理的考察の中項目（1）自然環境 アにおいて，「地形，気候，生態系などに関わる諸事象を基に，それらの事象の空間的な規則性，傾向性や，地球環境問題の現状や要因，解決に向けた取組などについて理解すること。」，イにおいて，「地形，気候，生態系などに関わる諸事象について，場所の特徴や自然及び社会的条件との関わりなどに着目して，主題を設定し，それらの事象の空間的な規則性，傾向性や，関連する地球的課題の要因や動向などを多面的・多角的に考察し，表現すること。」（下線部筆者）と示されている。由井（2018）は，科目地理探究の学習指導要領下で育成を目指す資質・能力のうち，思考力・判断力・表現力について，「地理にかかわる諸事象の意味や意義，特色や相互の関連について，系統地理的あるいは地誌的に概念等を活用して多面的・多角的に考察したり，地域にみられる課題を把握し，その解決に向けて構想したりする力」であるとする。この部分を踏まえてモン・

第2章　社会課題の解決にシステム思考を働かせて最適解を見出す地理学習　89

サン・ミシェルに関する授業をデザインした。

3. 指導例

　本実践は次の表2-2-1に示すように全10時間をかけて実施した。本校生徒の大半が4年制大学への進学を目指すため，大学入学共通テストを見据え，第1次～第7次については系統的な小地形の学習を協働的な学びを取り入れながら行った。第8次においては，上述した意図のもと，モン・サン・ミシェルにおける地形改変の影響を事例として，これまでの学習内容（特に表2-2-1中で網掛けで示した第1・2・7次）を活用して，土砂堆積による景観悪化という課題の解決策を2時間かけて構想・発表・議論する授業を実施した。

　以下，第8次における授業の概要と流れを表2-2-1とともに説明する。

　導入部ではモン・サン・ミシェルを知っているかと生徒たちに尋ねたところ，

表2-2-1　単元『小地形』における概要

	学習内容	主発問	獲得させたい知識・概念
1次 (1)	河岸段丘	河岸段丘は何が起こればもう1段深く谷が削られ，新たな段丘ができるのか？	土砂の運搬・堆積，海水面低下と河川勾配の増加
2次 (2)	沖積平野	異なる形の三角州が生まれるのはなぜ？	河川の堆積作用と潮汐や波による侵食作用
3次 (1)	洪積台地	台地ではどんなところに集落が成立しやすいのか？	地下水の利用しやすさの重要性
4次 (1)	離水海岸・沈水海岸	なぜリアス海岸は日本に多く，エスチュアリーはヨーロッパに多いのか？	沈水する地形の違い（地帯構造との関連から）
5次 (1)	氷河地形	アニメ「アルプスの少女ハイジ」のオープニング曲中にみられる氷河地形は？	各氷河地形の成因と様子
6次 (1)	カルスト・サンゴ礁地形	中央島が沈降してもサンゴ礁が水没しないのはなぜ？	サンゴの生育条件とサンゴ礁の発達過程
7次 (1)	砂浜海岸	各砂浜地形が発達するために必要不可欠なものは何？	河川からの土砂供給 土砂の堆積による地形形成
8次 (2)	地形改変とその影響	モン・サン・ミシェルの美しい景観を取り戻すために必要な解決策は？	これまでに学んだ知識・概念を活用する

注）各次における（　）内の数字は実施した授業時数を表している。　　　　　（筆者作成）

90　第2部　地理システムアプローチによる図式化と社会変容をとらえることの意義

知っていると回答した生徒はどの授業クラスでも約40名のうち，10名未満であった。そのため，まず，モン・サン・ミシェルの様子や潮位の干満差が大きいことを理解させるため，満潮時に海に囲まれた写真を提示したり，動画を視聴したりした。また，前次に砂浜海岸の各地形を学習していることからモン・サン・ミシェルが陸繋島と陸繋砂州（トンボロ）という地形に分類されること，モン・サン・ミシェルは河川の河口付近に位置していることを Google map の淡色地図で確認した。

　展開部では地図帳を用いて，モン・サン・ミシェルとその西側にあるランス潮汐発電所の位置を確認させた。今後のエネルギー資源に関する単元での学習

表 2-2-2　第 8 次における本時の目標と学習活動の概要

本時の目標：陸繋島とトンボロという自然環境を背景として成立したモン・サン・ミシェルにおいて，人間による地形改変が自然環境へ与えた影響と人間活動へのインパクトを，これまでの学習内容を基に考察する。また，架空の解決シナリオの影響をシステム的に予測・考察・評価し，自分なりの解決策を論理的に説明する。

	学習活動
導入部	・前時のリフレクション内容をフィードバックする。 ・モン・サン・ミシェルの概要についてワークシートを見ながら紹介し，陸繋島と陸繋砂州（トンボロ）であることを確認し，フランス観光局によるモン・サン・ミシェルを紹介した公式動画を YouTube で視聴する。
展開部	・地図帳でモン・サン・ミシェルとランス潮汐発電所の位置を確認する。 ・スライドで地続きの道路が作られた当時の写真を見せながら，なぜ土砂が修道院の周囲に堆積したのか考察させる。 →いくつかの班に発表させ，確認・共有する。 ・フロー図と3つの架空の解決策を提示し，課題に対してどのように作用し，どんな影響が生じるか，予測・考察・評価し，フロー図に作図させる。 〈3つの架空の解決策〉 　A　河川の上流にダムを作り，土砂が流入しないようにする 　B　道路を撤去して船でのみ島へ渡ることができるようにする 　C　修道院の周りの土砂を重機で定期的に撤去する ・各班が考察・作図した結果についてフロー図を示しながら発表させ，共有する。 ・各班で新たな解決策を検討し，フロー図に作図させる。 ・各班で検討した解決策を発表させ，各発表に対してコメントや質問をさせる。
終結部	・実際には土砂の流動を妨げない橋に架け替える工事を行ったことや，河川の上流に貯めた水で堆積した土砂を運搬するためのダムを建設したことなどを紹介する。 ・リフレクションシートの記入。

（筆者作成）

との接続も意識させるためである。また，モン・サン・ミシェルはパリから約280km離れており，バスや電車で3〜4時間かかるものの，それだけ時間をかけても多くの観光客が訪れる人気の観光地であることを紹介した。

次に，地続きの道路が建設された後の鉄道が敷設されていた時代の絵葉書を提示したり，近年修道院の周囲に土砂が堆積した様子がわかる写真を提示したりしたあと，なぜ地形改変が土砂の堆積を促したのか考察させた。このとき，第2次や第7次で学習した内容を思い出し，理由の考察に活用するよう促している。数班から考察した結果を発表させたのち，地続きの道路建設によって河口付近の潮汐の流れに変化が生じたこと，土砂の運搬方向が限定され修道院の周囲に堆積が進んだことを教室全体で確認した。

こののちに，ここまでの経緯をまとめたフロー図（図2-2-1）を提示した。図2-2-1は，巡礼者や観光客の利便性向上やそれによる来訪者の増加と観光収入の増加が期待できるはずだった地続きの道路建設が，長い年月を経て，モン・サン・ミシェルがもつ満潮時の美しい景観を損なう結果になり，観光資源としての魅力低下や観光客の減少につながりかねない事態を引き起こしていることをこれまでの学習過程を踏まえて視覚化している。一部フロー図の中で各事象が因果関係の矢印でつながれていない箇所があるが，これは授業実施クラスの

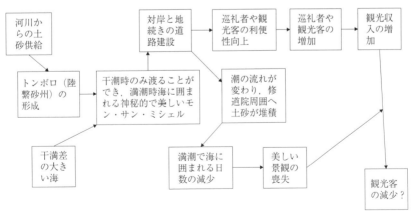

図2-2-1　モン・サン・ミシェルを取り巻くフロー図

（筆者作成）

92　第 2 部　地理システムアプローチによる図式化と社会変容をとらえることの意義

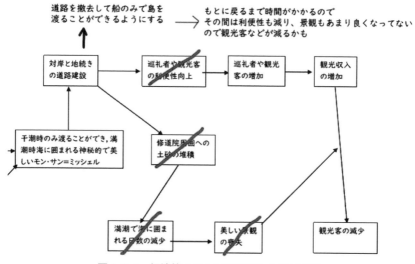

図 2-2-2　解決策 B について考察した班の記述

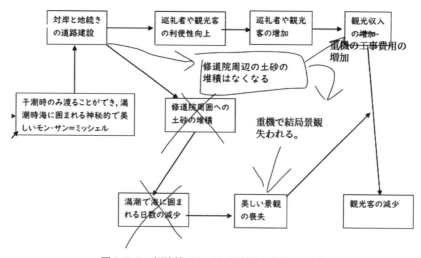

図 2-2-3　解決策 C について考察した班の記述

生徒たちはシステム思考を働かせる授業に取り組むのが初めてだったこともあり，フロー図の簡素化を優先したことなどが理由であり，容赦願いたい。
　ここで生徒へは，筆者が設定した架空の解決策 A～C（詳細は表 2-2-2 参照）

を提示し，4人1班に分かれてA〜Cいずれか一つの解決策を担当し，その解決策が現在の課題にどのように影響を及ぼすか，課題は解決しうるかを予測・考察・吟味・評価させる。このときに，生徒たちは1人1台PC端末を用いて班で1枚のフロー図（図2-2-1）を共同編集しながら話し合いを行った（写真2-2-1）。生徒へはまず，自分たちの班が担当した解決策をフロー図の中に書き込み，それがどの要素に影響を及ぼすのか，それによって緩和もしくは解消すると思われる要素に×印を，また，新たな影響が生まれると思われる場合は要素や矢印を書き足すよう指示した。図2-2-2と図2-2-3はあるクラスの生徒たちが実際に作図したフロー図である。

　例えば，図2-2-2では，地続きの道路を撤去して，船のみで島に渡ることができるようにすると，巡礼者や観光客の利便性は低下すること，堆積した土砂が再び侵食・運搬されて元に戻るまで時間がかかるため，景観も改善せず，観光客は減少するかもしれない，としている。図2-2-3では重機で定期的に修道院周辺の土砂を撤去すれば，満潮時に海に囲まれる日数の減少という状況は緩和されるものの，重機によって結局景観が失われること，また，土砂の撤去に多額の費用がかかることを指摘している。

写真2-2-1　生徒たちがグループでフロー図を基に検討している様子

（筆者撮影）

94　第 2 部　地理システムアプローチによる図式化と社会変容をとらえることの意義

表 2-2-3　架空の解決策 A～C における挙動の例（生徒による記述例）

A　河川の上流にダムを作り，土砂が流入しないようにする
・新規の土砂流入は止まるが，すでに堆積した土砂が残るため，満潮時に海に沈む日数は変化しない。 ・ダムの建設に伴う，生態系などへの悪影響が懸念される。
B　道路を撤去して船でのみ島へ渡ることができるようにする
・満潮時しか島へ渡れなくなり，利便性が低下する。それに伴い観光収入が減少する。 ・堆積した土砂が潮汐によって侵食されるのは長い年月がかかり，すぐには景観が変化しない。
C　修道院の周りの土砂を重機で定期的に撤去する
・一時的に土砂はなくなるが，再び堆積していくため，根本的な解決に至らない。 ・島の周囲に重機がみられることも景観の悪化につながる。

表 2-2-4　生徒たちの提案した解決策の例

・道路を撤去し，海水が行き来可能な橋を架ける。 ・陸地側と島を結ぶ海底トンネルを掘る。 ・地続きの道路を撤去し，船で島へ渡る乗船料金を土砂の撤去費用へ回す。 ・地続きの道路を撤去し，満潮時に船でしか渡れないことを希少性として観光の付加価値にする。

　このように，筆者が示した架空の解決策 A～C はいずれも効果が限定的か，あるいは別の課題が生じる可能性を含んだものとなっている。次の表 2-2-3 に示すような視点でこの課題を構成する事象の挙動をシステム的にとらえることを狙いとしており，生徒たちの大半はこの挙動に気づくことができていた。

　それぞれの班で担当した解決策 A～C の分析と評価結果を発表し，クラス内で共有を図った。これにより，生徒たちはそれぞれの解決策に一長一短があり，完璧な解決策はないことを理解する。展開部の最後では，理想論的な解決策の提案に終始しがちな生徒たちに対して，システムへの介入による効果と限界の両側面を意識させ，その上で自分たちが考える解決策を班で考察し，図 2-2-1 に記入させる。以下の表 2-2-4 は生徒たちが考えた解決策の例の一部である。

　生徒たちの提案には独創的なものから，現実世界で実際に行われているもの（橋への架け替え）など，さまざまなものがみられた。授業では各班が考えた提案を発表し，他の班はそれに対してコメントや質疑を行った。この中で「○○

という意見をもらったが，△△というインパクトのほうが大きいので，当初通りの提案が妥当だと思う。」「私たちの班の提案に○班の提案の視点を付け加えると良いと思った。」などのようなやり取りが見られ，協働的・対話的に学びを深める姿が見受けられた。

　授業の終結部においては，モン・サン・ミシェル周囲の景観回復のために実際に行われた工事（橋への架け替え，ダムの建設）を紹介した。一方で実際に行われた工事を言い当てることがこの授業の目的ではなく，さまざまな解決策を吟味・評価する過程が重要であることを重ねて強調した。また，教室内における一連の過程（生徒同士のやりとり）は実社会において合意形成と政策決定が行われる過程そのものであり，唯一の正解は存在せず，多様なステークホルダーによって最適解を創り上げていく過程そのものであると振り返り，授業のまとめとした。

■ 4. 意義や今後の課題

　授業後に生徒たちへ「今日の授業で大事だと思ったことは何ですか？」という問いに対する記入を求めたリフレクションシートの記述から，本授業による成果の検討を試みる。

　「地理で習ったことを活用して現実にある問題を解決すること。地理的環境や，要因，自然の力を活用すること。」

　「今日の授業のように答えを当てるのではなく自分たちなりの案を出すことが大切だと思った。」

　「ある問題を解決するには多くのやり方があり正解は一つとは限らない。」

　「意見を聞いてわからないこと，良かったこと，他の案を出し合うとより良い話し合いになり良い意見が生まれる。」

　これらの記述から，生徒たちは地理の学習が現実社会で起きている諸課題の理解やその解決に重要であること，正答を当てるのではなく，システム思考を働かせながら協働的に最適解を導き出すプロセスこそが重要であることを，本授業を通じて学んだ様子がうかがえる。

本実践の意義は次の3点が挙げられる。

①地理探究という科目においてシステム思考を取り入れることにより、地理で学習する概念を活用して課題解決を構想する授業の一例を示したこと。

②システム思考を取り入れた課題解決を構想する授業を実施すれば、理想論的で他人事な解決策の提案を乗り越えられる可能性を示したこと。

③システム思考は実社会の合意形成や政策決定において不可欠なものであり、持続可能な社会の担い手づくりに資する授業の一例を示したこと。

本実践では、架空の解決策A〜Cの検討を通して、システム思考で考える「必要性」を生徒が理解し、システム思考が実社会で用いられていることを体験的に学ぶことで、システム思考を身につけることの重要性を「学習目標」として認識し、学習活動においては土砂の運搬や堆積といった各事象がもつ機能や挙動を「学習内容」としてシステム的にとらえていた。システム思考を取り入れた地理学習がもつ可能性について、理論と実践の橋渡しができたのではないかと考えている。

一方で、本実践は生徒たちにとってシステム思考を用いて初めて取り組む課題であったこともあり、架空の解決策A〜Cの影響がどの要素まで及ぶのかについて、適切に考察もしくは図化できない生徒も一部、見受けられた。また、土砂の堆積や運搬、侵食といった単元全体の学習内容を踏まえて考察できていたかについて、個人の理解度や考察の結果を評価する場面を授業の中では設定できていない点も課題である。生徒一人一人がいかにシステム思考をうまく働かせることができているのか（地理システムコンピテンシー）（詳しくは山本、2019を参照）、の評価については著者自身の研究課題でもあるため、この点については稿を改めたい。

〈読者へのメッセージ〉

地理歴史科・社会科の学習指導要領では、古くから「多面的・多角的」、「課題解決」という語が繰り返し用いられ、こうした視点を意識した授業実践が繰り返されてきた一方、生徒たちは授業で習った内容について"のみ"、「多面的・多角的」にとらえ、「課題解決」を考える経験をし、汎用性のある「多面的・

多角的」に考察する力や「課題解決」に取り組む態度を真に育めていなかったという課題が，（筆者自身のこれまでの実践も含め）存在するのではないだろうか。システム思考はそれを乗り越えられる可能性がある。もし読者の方の中に同じ課題意識をおもちの方がいらっしゃれば，ぜひ本書や前書『システム思考で地理を学ぶ』の報告や実践を参考にしていただき，生徒たちと最適解を探る授業にチャレンジしてみてほしい。

注

　　本実践は令和5年度広島県教育委員会主催地理歴史科初任者研修の一環として実施した授業研究の内容であり，学習指導案やワークシートの詳細は広島県教育センターホームページ（https://www.hiroshima-c.ed.jp/center/wp-content/uploads/shido_an/shingakushi_h29/04_koutougakkou/r05_17_chirirekishi.pdf）にて公開されているため，合わせてご覧いただければ幸いである。

引用文献および教材開発のための参考文献

阪上弘彬（2019）「地理学習におけるシステムの観点―新学習指導要領等の検討から―」地理科学学会『地理科学』74.3，pp. 107-115.

文部科学省（2018）『高等学校学習指導要領（平成30年告示）解説　地理歴史編』.

山本隆太（2019）「スイス・ドイツの「地理システムコンピテンシー」（GeoSysKo）の特性―実証試験問題の分析―」地理科学学会『地理科学』74.3，pp. 127-137.

由井義通（2018）「『高等学校新学習指導要領』改訂のポイント　「地理総合」と「地理探究」で育成する資質・能力」帝国書院『地図・地理資料』2018年度特別号，pp. 1-5.

第3章

関係構造図を活用したシナリオプランニング
──中国を事例として──

田中　岳人

■ 1. システム思考×シナリオプランニング

　VUCA時代においては「複雑で不確実性が高い」ことを前提に置き，「あり得る社会」を想像するような未来志向の地理教育が望まれる（村山，2012）。未来予測に明確な答えはないが，このような未来志向の授業こそ，帚木（2017）の指摘する曖昧さに耐えつつ答えのない問いに向かう姿勢である「ネガティブ・ケイパビリティ」を育む機会となり得る。

　前著『システム思考で地理を学ぶ』において筆者は，「アラル海の縮小」をテーマに関係構造図を用いて，その解決策を考える授業実践を紹介した（田中，2021）。この実践では最悪シナリオを回避するような解決策を考えさせたが，未来が予測不能であるという視点に立脚したものとはいえず，未来志向の授業という観点からは課題が残った。

　そこで，本稿では従来のシステム思考を育む授業からさらに一歩進めて，未来予測に重点を置いた実践を紹介する。未来予測にあたってはVUCA時代の現代において経営学で用いられるシナリオプランニングという手法を採用した。これは「起こり得る複数の未来」を考察し，それに備える戦略を案出するための戦略プランニングであり（西村，2014），これによって国際的な大手石油企業が石油危機の可能性を事前に認識した経営を行い成功したことでも知られる。本実践は，地理総合における「国際理解と国際協力」の事例的学習について，関係構造図を応用してシナリオプランニングを行わせ，その未来予測へと至る点に特長をもつといえる。

2. 実践における教材・授業デザインのポイントや視点

本実践は，2021年9〜10月に高校2年生（6クラス，計244名）の地理A「中国の地誌的学習」の単元において，地理総合を想定して実施した。地理総合の教科書では，国際理解学習の一事例として，中国を取り上げており，帝国書院の教科書（2023年度版）では主として著しい経済発展を遂げる中での農業や工業，そして人々の生活の変化に着目している。劇的な経済発展を遂げる中国

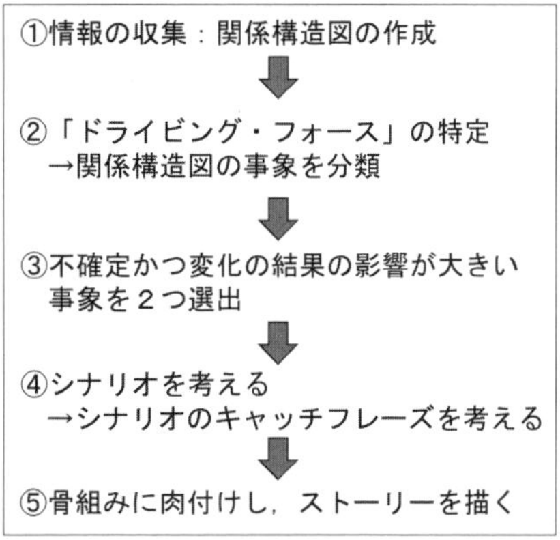

図2-3-1　シナリオプランニングの手順

の未来予測を行うことで，今後の日本の関わり方を考えさせる契機となる。

本実践の授業デザインにおけるポイントは以下の2点である。1点目は経済発展の著しい中国の自然環境と産業・社会のつながりを関係構造図によって可視化させたことである。関係構造図は，地理特有の視点といえる自然環境も含めた社会の見方を提供できる。本実践では，そのツールとして，中国の各地域の把握（第1次）と中国全体のまとめ（第2次）の計2回にわたり関係構造図を作成させた。

2点目は，シナリオプランニングの手法を援用して，中国は今後どうなり得るかを考えさせたことである。本実践ではウェイド（2013）の手法を参考に，図2-3-1の5つの段階を設定した。

3. 指導例

本実践は，表2-3-1に示すように計6時間で行った。また，本実践は①映像での中国の地理的事象に関する事前学習，②中国の各地域における関係構造図の作成・共有，③中国全体の関係構造図の作成，④中国のシナリオプランニン

100 　第 2 部　地理システムアプローチによる図式化と社会変容をとらえることの意義

表 2-3-1 「中国のシナリオプランニング」単元構成

次数：小単元名 【学習形態】 （時間数）	学習内容	教材	備考
事前学習：中国の地理的事象 【個別】	・中国の自然環境，農牧業，鉱工業を中心とした概要	・授業映像（約 30 分） ・映像に対応した中国の概要ワークシート	・教員が映像で中国の地理的事象を解説 ・自然環境や地理的位置，歴史や政策が産業とどのように関わるかを重視して解説
第 1 次：中国の地域ごとの関係構造図の作成・共有 【グループ】 （3 時間）	・「ボルネオの猫」視聴 ・中国の地域ごとの関係構造図作成 →東北，華北，華中，華南，ウイグル，チベットについて，自然環境と産業とのつながりを可視化 ・各地域の関係構造図を共有 ・シナリオプランニングとは何か	 ・中国の地域ごとの関係構造図ワークシート ・タブレット端末 ・中国の予測シナリオワークシート	・「ボルネオの猫」から物事の関係性を理解する重要性を共有し，関係構造図を紹介 ・関係構造図を初めて作成することから，因果関係をもとに事象を矢印（原因→結果）で結びつける方法を共有 ・各班（1 グループ 3・4 人）2 地域ずつ関係図を作成（ジグソー法） ・関係構造図の作成に戸惑うグループも散見されたため，上手く図示できているグループの関係構造図を共有 ・ジグソー法を活用し，各地域の関係構造図を相互に説明 ・シナリオプランニングについての説明 ・ルーブリックの共有
第 2 次：中国の関係構造図とシナリオプランニング 【グループ・個別】 （1 時間）	・前次を踏まえ，中国全体の関係構造図を作成し，ドライビング・フォースを考える ・関係構造図の事象から不確定かつ変化の結果の影響の大きな事象を各クラス投票により 2 つ選ぶ	・中国の関係構造図ワークシート ・タブレット端末	・前次に関係構造図を作成した経験があるため，比較的スムーズに行うことができた ・不確定かつ変化の影響の大きな事象を 2 つ特定
第 3 次：中国のシナリオプランニング 【グループ・個別】 （2 時間）	・中国の予測シナリオを考える ・関係構造図でのシミュレーションをもとに，中国の予測シナリオを文章化してグループ内で共有	・中国のシナリオプランニングワークシート ・タブレット端末	・特定した 2 つの事象から四象限のグラフをクラスごとに共有 ・各班（1 グループ 4 人）1 人につき一つのシナリオを，関係構造図をもとに考察 ・授業に関するアンケートを実施

第 3 章　関係構造図を活用したシナリオプランニング　101

グという 4 段階から構成されている。

3-1. 事前学習 (映像)：中国の地理的事象

　授業前の反転的な学習を想定し，事前に中国に関する内容を映像で視聴させた。映像は，中国の概略的な歴史，自然環境，人口や民族・宗教，農業，鉱工業を整理し，教員が静態地誌的に解説したものである。生徒らには，それに対応したワークシートを配布し，授業までに映像を視聴しておくよう指示をした。

3-2. 第 1 次：中国の地域ごとの関係構造図の作成・共有 (計 3 時間)

　授業冒頭で「ボルネオの猫」[1]の映像を視聴し，システム思考の重要性を喚起した上で，その理解を促すツールとして関係構造図を紹介した。その後，1 班あたり 3〜4 人程度のグループ (1 クラスにつき約 12 班) をつくり，以降基本的にグループワークになることを伝えた。

　次に事前学習を踏まえ，中国の 6 地域 (東北，華北，華中，華南，ウイグル，チベット) の関係構造図を Google Jamboard 上で作成するよう指示した。関係構造図の枠組みは，主に教科書の内容に即し，「自然環境」，「農業」，「工業」，「政治・経済」，「人口・民族・文化」に「その他」を加えた計 6 つとした。生徒らは関係構造図の作成が初めてであったため，教科書の太字部分を中心にあらかじめ事象を提示した。つまり，生徒らは各地域について，ワークシートに提示された事象を枠組みに位置づけ，それらを因果関係 (原因→結果) で結びつけていく。教員はその様子を巡視し，各班の質問に対応した。なお，時間の都合からジグソー法を採用し，1 班あたり 2 地域の関係構造図を作成させ，各班で相互に発表させて 6 地域分を共有した。

　その後，「中国は今後 (10〜20 年後) どうなり得るかを考えよう」というパフォーマンス課題を提示した。この際，評価についてのルーブリック表を示し，授業の取り組み状況や成果から評価することを伝えるとともに，シナリオプランニングを実施した企業の事例[2]を挙げ，未来予測が民間企業でも行われていることを確認し，本実践の意義を共有した。

3-3. 第2次：中国の「重要なドライビング・フォース」の特定 (計1時間)

本次では，中国各地域の関係構造図を踏まえ，中国全体における関係構造図を作成するよう指示した。これに際しては，事象をあらかじめ枠組みに配置したものを Google Jamboard で事前に配布し，事象の関係性を線で結ばせた (図2-3-2)。なお，関係構造図の枠組みは PEST モデル[3]を参考に，「環境」，「経済」，「政治」，「社会」，「技術」の5つとした。生徒らは，前次に関係構造図を作成したことから，スムーズに作業を終えることができた。

次に，中国の未来像を考えるにあたり，関係構造図上の事象を過去の出来事なのか現在の出来事なのかを検討させた。これはシナリオプランニングにおいて，未来を動かす「ドライビング・フォース」[4]の特定という段階にあたる (図2-3-1：②)。つまり，関係構造図上の事象を今後変化しない過去のものか，今後も変化し得る現在進行形のものかを分類する作業である。

次の段階は，「不確定かつ変化の結果の影響が大きい事象」の選出である (図2-3-1：③) が，これは「ドライビング・フォース」のうち，今後の動きが不確かでかつ，変化すると今後特に大きな影響を与えると考えられる事象 (以降，「重

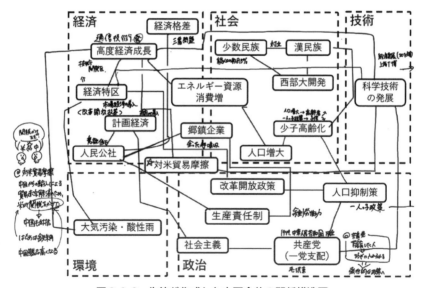

図 2-3-2　生徒が作成した中国全体の関係構造図

要なドライビング・フォース」とする）を二つ選ぶものである。本次の最後に，どの事象がそれにあたるかを話し合わせ，その上で自身の考える上位3つの事象を，各生徒にGoogle Formsで投票させた。

3-4．第3次：中国のシナリオプランニング（計2時間）

　本次は，中国の未来シナリオを作成する段階にあたる（図2-3-1：④，⑤）。まず，クラスごとに投票で選出された「重要なドライビング・フォース」を組み合わせた四象限のマトリクスを示すが，ここで次の2点に注意が必要となる。一つは，「重要なドライビング・フォース」として選ばれた事象同士が直接的な相関関係や因果関係をもたないことである。なぜなら，例えば図2-3-2中の直接関連する「高度経済成長」と「科学技術の発展」を選んだ場合，マトリクスを作成してもその後のストーリーを上手く描けない，または「経済成長によって科学技術の発展が促進した」という安易で意味をなさないシナリオになるためである。もう一つは，将来どちらに転ぶかわからない不確定な事象かを吟味することである。本実践でも「重要なドライビング・フォース」として人口を挙げる生徒が多かった。しかし，人口は高確率で予測可能であり，これもストーリーを上手く描けない要因となる。そのため，「重要なドライビング・フォース」として「人口」が挙げられたクラスについては，中国の人口は今後減少すると考えられていることを指摘し，重要なドライビング・フォースからは除外させた。その上で，時間の都合からもう一方のドライビング・フォースを

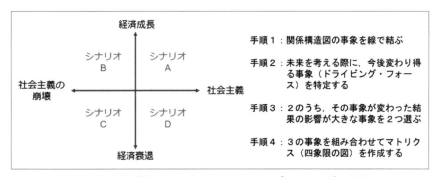

図2-3-3　四象限のマトリクスとシナリオプランニングの手順

104 第2部 地理システムアプローチによる図式化と社会変容をとらえることの意義

表 2-3-2　生徒の考えたシナリオのキャッチフレーズ例

シナリオ	社会主義	経済成長	シナリオのキャッチフレーズ
A	強化	強化	技術発展により自由が奪われる支配社会
B	弱化	強化	経済格差拡大と経済発展の狭間で揺れ動く中国
C	弱化	弱化	人口減少と少子高齢化が招く衰退した社会
D	強化	弱化	断絶と衰退の一途を辿る中国

注) 図 2-3-3 のマトリクスと対応している。

教員側で設定した。

　「重要なドライビング・フォース」を組み合わせたこのマトリクスから，計
4つのシナリオを描くことができる。例えば，「重要なドライビング・フォース」
として，「高度経済成長」と「社会主義」の事象を選んだクラスの場合（図
2-3-3），シナリオ A は社会主義が強化され，今後も経済成長が進む場合のシ
ナリオを考えることになる。まず，生徒らにはマトリクスの各条件に応じて，
作成した関係構造図上でどのような変化があるか，つながりをたどってシミュ
レーションさせ，そのタイトル（表 2-3-2）を考えさせた。シミュレーションの
過程で事象が異なるものに置き換わることもあるため，Google Jamboard の付
箋機能を用いて関係構造図を修正させつつ，変化の影響を考察させた。なお，
各班が 3～4 人であることを踏まえ，1 人につき一つのシナリオをパフォーマ
ンス課題として作成することを指示した。

　次に，シナリオのタイトルを肉づけするように，シミュレーションを踏まえ
たシナリオを Google スライドに文章化させた。この活動は，スムーズにいく
生徒とそうでない生徒もみられた。後者の生徒からは，矛盾するようにみえる
シミュレーション結果をどのように表現するべきかという質問が寄せられた。
この点については，時間軸を重視して変化した順番にシミュレーションの結果
をまとめるように助言した。これにより例えば，一時的に経済発展するが，シ
ミュレーションの結果，最終的には経済衰退に至るというように，関係構造図
上で一見矛盾を感じる結果も，時間軸に沿って考えることで変化の順序自体を
シナリオとしてまとめることができる。一方で生徒の中には，シミュレーショ
ンに行き詰まるケースもあった。この場合は，一連の作業がスムーズに進んだ

第 3 章　関係構造図を活用したシナリオプランニング　　105

生徒から助言をもらうよう促した。授業の最後にアンケートに回答するよう指示し，本実践を終えた。

4. 意義や今後の課題

　以上，関係構造図を活用したシナリオプランニングの授業実践を紹介した。授業の最後に生徒に実施したアンケート結果を表2-3-3に示す。

(1) 事象を上手くつなげることはできたか

　関係構造図の作成に際し，事象をどの程度つなげることができたかについて，その達成度合いを回答させた。その結果，「できた」，「まあまあできた」という回答は，全体の7割以上を占めた。難しかった点を尋ねたところ，語句の意味を多面的に理解する必要がある点や領域を超えた結びつきを考える点，複雑になりすぎる点などが挙げられた。これらのコメントは，事象の一面的な理解に留めないという授業者の意図した部分の指摘であるが，それをどのようにサポートしていくかは今後の課題である。

(2) 図示して学ぶことは有意義に感じられたか

　関係構造図を用いた学習の意義を尋ねた結果，「有意義に感じた」，「まあまあ有意義に感じた」という肯定的な回答は，全体の7割以上を占めた。一方で，この問いに対して否定的な意見であった生徒らの自由記述をみると，「穴埋めタイプの授業をしてほしい」，「グループ学習ではなく板書形式にしてほしい」といった回答が目立った。授業者の力量もさることながら，授業者がこれまで内容知重視の授業や試験を行ってきたことに対する反応とも考えられ，評価制度も含めた授業のカリキュラム作りが重要になる。

(3) シナリオプランニングに際して難しかったことはあるか

　関係構造図を活用したシナリオプランニングの難しさを尋ねた結果，全体の6割が「難しかった」と回答した。コメントからは，その複雑さゆえの未来予

106 第2部 地理システムアプローチによる図式化と社会変容をとらえることの意義

表 2-3-3 生徒へのアンケート結果と生徒による主な記述

	アンケート結果
事象をつなげることについて	**1）事象を上手くつなげることはできたか** 20%　52%　16%　10%　2% 0%　20%　40%　60%　80%　100% □できた　☒まあまあできた　☒どちらともいえない ■あまりできなかった　■できなかった **Q. 事象をつなげるにあたりどのようなことが難しかったか** ・特になかったが、それぞれのカテゴリー（社会・経済・技術など）の違うところから結びつける事が少し悩む事があった。【できた】 ・語句の意味をしっかり理解しないといけないところです。でも語句を理解出来たら難しくはなかったと思います。【できた】 ・一見関わりの無さそうな事象を結びつけるのが難しかったです。でも、意味をちゃんと理解して繋がりを見つけられたら自然と結びついていくのが分かりました。【まあまあできた】 ・繋がりが多すぎて調べることが多すぎた。【どちらともいえない】 ・あまりにも繋がりすぎてこんがらってしまうものと、反対に、なにも繋げられないものの差が激しく難しかった。【あまりできなかった】 ・教科書や資料集だけじゃ言葉の意味が理解できない部分があった。【あまりできなかった】 ・一方方向に繋げられなく、他方向からの考慮がいるので難しかった。【あまりできなかった】
図示について	**2）図示して学ぶことは有意義に感じられたか（選択理由記述の設問なし）** 34%　39%　21%　5%　1% 0%　20%　40%　60%　80%　100% □有意義に感じた　☒まあまあ有意義に感じた ☒どちらともいえない　■あまり有意義に感じなかった ■有意義に感じなかった
シナリオプランニングについて	**3）シナリオプランニングに際して難しかったことはあるか** 59%　41% 0%　20%　40%　60%　80%　100% ☒ある　□ない **Q.「ある」と回答した場合，どのようなことが難しかったか** ・最初の具体的な未来が決まったら後は関係図から考えやすかったが、逆に最初の具体的な案を出すのが大変だった。 ・もし中国がこうなるなら…と自分で予想しなくてはいけないのでとても難しかった。だが自分で考えることによって中国の未来や中国について考えることができていい経験だった。 ・矢印をたどれば起こるであろう事象は分かったけど、そこから発展させて考えていったら良いのかそこまではしなくて良いのか、どういう風に発展させて考えたら良いのかが分からなかったです。 ・説明のために事象を増やした結果、多くなり過ぎてよく分からない説明になってしまった。 ・事象をまとめる上で、自分の担当の地域を決めたが、シナリオプランニングでは全ての地域の事象を見て考えなければいけなかったため、担当地域以外の事象の理解が担当地域と比べはるかに乏しく差が大きくあったため難しかった。

測の困難さを指摘したものが多かった。

　生徒の授業に対する自由記述（一部抜粋）は以下の通りである。

・何事においても，必ずいい面と悪い面があることを，自分で事象をつなげ，シナリオを描いていくことによって再認識できました。
・いつも地理のテスト勉強は丸暗記で頭に入れても仕組みを理解できずに自分の物にできていなかったです。だけど今回は授業中で細かいところまで理解できてしっかり知識を自分の物にできたと思います!!
・自分が知っていた中国はたったの一部であったこと，自分と同じ予測シナリオだけでも他にそのような考え方があったのかと違う方面からの見方を学べてすごくタメになった。

　以上のように，関係構造図の作成とシナリオプランニングという過程を通して，地理的事象のより深い理解や物事の見方・考え方の習得へ至ったと振り返るコメントが寄せられた。従来，関係構造図は地理的事象を理解し，問題解決を考えるためのツールであった。そこにシナリオプランニングの手法を組み合わせることで，未来予測にも踏み込めた点に本実践の意義があるといえる。

　一方で，授業時に教員の介入を求めるコメントも多数寄せられたことから，生徒らの疑問を共有して解説するなどの工夫が必要であった。また，中国のシナリオプランニングを踏まえた「日本の産業のあり方」を考えさせれば，生徒がより「自分事」としてとらえることを期待できたが，この点も今後の課題といえる。本実践は地理総合を想定したが，現行の学習指導要領においては地理探究の地誌学習での実施も考えられる。

〈読者へのメッセージ〉

　シナリオプランニングは，関係構造図をそのまま活用することができるなど，システム思考との親和性が非常に高い。また，本実践の手法は他地域を題材とした事例学習はもちろん，課題解決型の学習にも応用可能である。一方で，本実践のような未来志向の授業は，明確な答えのあるものではないが，それゆえに実践に踏み切るのが難しい。しかし，今後の授業において重要なことは，詳細な知識を教え込むことよりも生徒が知識・考え方を活用して学習できる場を

提供することであると筆者は考える。未来志向で生徒とともに考える授業をぜひ実践してみてほしい。

注

1) Sustainability Illustrated「システムシンキング：教訓「ボルネオの猫」の物語」
https://www.youtube.com/watch?v=s6wA9nyVUZ0
2) キリンホールディングス 「シナリオプランニングとは」
https://wb.kirinholdings.com/about/scenario/
3) PEST モデルとは，ドライビング・フォース（推進力・駆動力）を考えるための枠組みであり，政治（Political），経済（Economic），社会（Social），技術（Technological）の頭文字を組み合わせたものである。
4) ドライビング・フォースとは，未来に大きな変化をもたらす「駆動力」を指す。本実践においては，関係構造図上の各事象のうち，現在・未来にも大きく影響すると考えられるものが該当する。

引用文献および教材開発のための参考文献

ウェイド，W. 著，野村恭彦・関美和訳（2013）『シナリオ・プランニング 未来を描き，創造する』英治出版.

田中岳人（2021）「関係構造図を用いて解決策を考える—「アラル海の縮小」を事例として—」地理教育システムアプローチ研究会編『システム思考で地理を学ぶ—持続可能な社会づくりのための授業プラン—』古今書院，pp. 45-54.

西村行功（2014）「シナリオ・プランニング」日本 LCA 学会『日本 LCA 学会誌』10.3，pp. 230-238.

帚木蓬生（2017）『ネガティブ・ケイパビリティ 答えの出ない事態に耐える力』朝日新聞出版.

村山朝子（2012）「社会科教育における地理の役割」日本地理学会『E-journal GEO』7.1，pp. 11-18.

第4章

「関係構造図」を使って高校「地理総合」で「脱炭素社会の実現」を考える

長谷川 正利

1. 「地理総合」で「脱炭素社会の実現」を授業するということ

　勤務校で採用している高校「地理総合」の教科書（帝国書院『高校生の地理総合』）では「脱炭素社会の実現」の記述は次のようになっている。「地域で異なる資源・エネルギー問題と取り組み」という小単元では「脱炭素社会の実現に向けて，化石燃料の消費を削減することが求められている」（加賀美ほか，2023，p. 178）とあり，資源・エネルギー問題や地球温暖化問題の解決策として「脱炭素社会の実現」が示されている。

　「地理総合」は科目の特徴の一つとして，「持続可能な社会づくりを目指し，環境条件と人間の営みとの関わりに着目して現代の地理的な諸課題を考察すること」（文部科学省，2018，p. 35）が挙げられている。「持続可能な社会づくり」の観点からみると，「脱炭素社会の実現」という課題や解決策を知ることに留まらず，その解決策を批判的に学ぶこと，つまりその解決策は実現できるのか，実現のためには何をすればよいのか，課題はないのかなど自分事として探究し続けることが重要であると筆者は考えている。そこで，「脱炭素社会の実現」という解決策を具体的に示し，それをシステム思考のツールである「関係構造図」を用いて批判的に考察する授業を試みた。

　また，この授業において生徒が取り組む方法は，「子どもの権利条約」にある「意見表明権[1]」を保障する方法の１つになると考えた。福島（1993）や大田（2013）が指摘するように，「意見表明権」は国際社会で地球環境問題が大きく

取り上げられる中で「世代間の平等」を実現する保障として子どもの権利条約で位置づけられた。我が国でも「意見表明権」は，2022年に改訂された『生徒指導提要』(月刊生徒指導編集部，2022) において，生徒指導を実践する上での課題とされた。こうした点からも「脱炭素社会の実現」を批判的に考察する授業は，今日的な教育課題に応えるものになると考えた。

■ 2. 「脱炭素社会の実現」を考える授業の構想

　前述の教科書は，脱炭素社会の実現のためには「温室効果ガスの排出量を21世紀後半に実質ゼロにすること」，そのためには「私たちの暮らしやさまざまな産業において温室効果ガスの排出を抑制するとともに，排出された二酸化炭素を回収する技術の開発や社会の変革が必要となっている」(加賀美ほか，2023, p. 183) と記している。しかしながら，二酸化炭素排出量を「実質ゼロ」に実現する方法は書かれておらず，「技術の開発」や「社会の変革」についても具体的に書かれていない。授業では，ここを生徒とともに知り，考えるところとした。

　「脱炭素社会の実現」に関する出版物は，「脱炭素」の他に「カーボンニュートラル」という言葉も使われ多数出版されている。ただ，それらに書かれている内容は，脱炭素を実現する技術の説明が多くを占めている。例えば，共生エネルギー社会実装研究所 (2023) は，第2章で「温暖化緩和策における対策技術」「省エネと再エネ導入の重要性」「それらをすすめるための制度と政策」「温暖化への適応策」を述べる中で，温室効果ガス対策として CCS (CO_2 分離貯蔵技術)，CCU (カーボンリサイクル技術)，沿海域での炭素貯蔵 (ブルーカーボン)，メタンの削減対策，N_2O の削減対策などを取り上げ，続く第3章では技術的対策について詳述する構成になっている。

　専門的な技術の是非を授業時間数が限られた「地理総合」の授業で評価するのは難しい。また，二酸化炭素の排出は，産業部門 (工場など)，運輸 (自動車など)，商業・サービス・事業所など，家庭，製油所・発電所など多分野に及んでおり，すべての分野について教材にするのも困難である。

第4章 「関係構造図」を使って高校「地理総合」で「脱炭素社会の実現」を考える　111

そこで，次のように授業を構想した。

①脱炭素技術そのものは所与のものとして扱う。もちろん，その技術そのも
　のついての疑問が生徒から出されるのは構わない。

②生徒が身近に考えられる自動車分野に限定する。エネルギーや工業，交通
　など多岐にわたる分野の知識を活用する思考が期待できる。

③日本の自動車分野の取り組みについて書かれた資料を生徒に提示する。そ
　の資料は比較できるように世界各地の事例も含める。

④資料に書かれていることを関係構造図に記入し，関係構造図に書かれてい
　ない空白の項目に注目して，書かれていないこと，残された問題の有無を
　考察する。関係構造図は，人間と自然の関係全体をとらえることができる
　ようにする。

なお，関係構造図は，書かれたことを可視化することを通じて，書かれてい
ないこと，残された問題について気づかせるために使用した。

3. 授業デザイン

　授業は，地理総合「地球的課題と国際協力」の中の「資源・エネルギー問
題」と「地球環境問題」を一つの単元にして，次のように4時間[2]で行った。な
お，授業は筆者が担当した高校2年生1クラスで実施した。本クラスは校内で
学力上位とされるプログレスコースで，グループ活動を活発に行うクラスである。

1時間目：『成長の限界』から50年，予測はあたったのか
2時間目：地球温暖化はいつ頃から問題になったのか
3時間目：日本のエネルギー事情はどうなっているか
4時間目：自動車輸送のカーボンニュートラルを検証する

　授業の構成は，4時間目にシステム思考で考察することを目標に，1時間目
に『成長の限界』[3]（メドウズほか，1972）を通じてシステム思考を学ぶようにした。
『成長の限界』が出版された1972年は国連人間環境会議が開かれた年であり，
その50年後の地球環境問題を扱う授業の導入としてふさわしいと考えた。2〜

3時間目では，1970年代には気候変動の問題が大きく扱われていなかったことを知り，『成長の限界』に限界があったこと，地球温暖化が喫緊の課題になっていることを学習するとともに，4時間目の考察に必要な知識を得る時間にした。また，この1時間目と4時間目の関係は，1時間目でループ図を解読することを通じて複雑な関係の中で物事が変化すること，その変化に時間差が生じることをつかみ，4時間目はそのシステム思考を踏まえて関係構造図を描けるようにした。本章では，システム思考に関わる1時間目と4時間目について以下に詳述する。

3-1．1時間目：『成長の限界』から50年，予測はあたったのか

1時間目は，「『成長の限界』から50年，予測はあたったのか」と探究課題

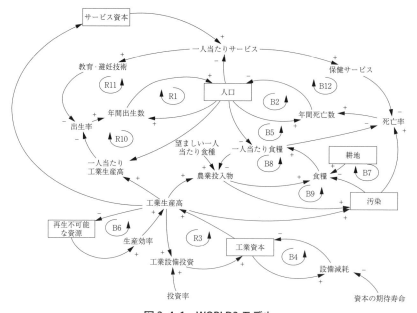

図 2-4-1　WORLD3 モデル

注）図中の記号Rは成長を促す「自己強化型フィードバック」を，記号Bは縮小に向かう「バランス型フィードバック」を示す。図中の番号はホームページの解説文の該当箇所を示す。授業では，RとBの記号の意味は，Rが「プラスに働く」，Bが「マイナスに働く」という意味とした。

（小田，2022）

第4章 「関係構造図」を使って高校「地理総合」で「脱炭素社会の実現」を考える　113

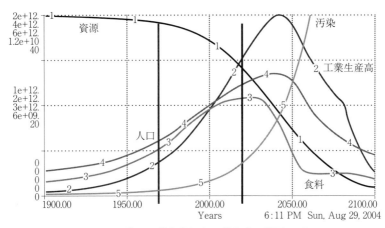

図 2-4-2　再生不可能な資源を 2 倍とする世界モデル

注) 図中の 1 は資源，2 は工業生産高，3 は食糧，4 は人口，5 は汚染を表す。
（小田，2022）

を示して行った。

『成長の限界』（メドウズほか，1972，pp. 86-87）の「図 26 世界モデル」は，システムダイナミックスを用いた流れ図で示しているが，授業では小田（2022）によって示されたその図の概略（「WORLD3 モデル」）を解説文付きで用いた（図 2-4-1）。また，『成長の限界』ではさまざまな「世界モデル」のシミュレーションが示されているが，授業では小田（2022）の図 4-2 も示し，資源と工業生産高，汚染，食料生産，人口の間にあるシステム的な関係も考えさせた。

授業では個々にプリントを配った後，3～4 人グループにして，図 2-4-1，2-4-2 の読解を行った。複雑な図に「わからない」という声を上げつつも，解説文を頼りに生徒たちはグループ内で作業をすすめた。

生徒の振り返りシートには「変な図をみてこんがらがりそうになったが，よく見たらいろいろなところにつながっていることがわかった」「人口が生産高や資源に間接的に関わっていることが『成長の限界』のマップですぐにわかった。面白いと思った」と書かれており，「WORLD3 モデル」の理解は進んだと思われる。また「増減のグラフを理解するのが楽しかった」「一見複雑なグラフでも因果関係を考えると内容がつかめると思った」と書いた生徒もおり，『成

114 第2部 地理システムアプローチによる図式化と社会変容をとらえることの意義

長の限界』で示したシステムの理解は進んだと思われる。

その上で「成長の限界の発表から50年たったけれど，予測はあたったのか」と問うと生徒たちは「外れた」「資源枯渇は起きていない」「経済も成長している」と答えた。「では，意味はなかったのか」と問うと，「(年数が) 遅れただけで，図4-2の関係はあたっているのではないか」と答えた生徒がいた。この意見を共有して1時間目の授業は終えた。

3-2. 4時間目：自動車輸送のカーボンニュートラルを検証する

4時間目は，資料として『脱炭素産業革命』(郭，2023) の一節である，「モビリティー分野での脱炭素化と関連技術」(pp. 39-40) と「輸送モビリティー分野における脱炭素化」(pp. 76-84) をプリントにして配付し，自動車輸送のカーボンニュートラルを検証する。

前者では，輸送部門の二酸化炭素排出量が全体の排出量の18%を占めて，エネルギー部門，産業部門に次ぎ第三位であること，FCV (水素自動車)，EV (電気自動車) が脱炭素化で重要な技術であること，それらの製造コストが高いことや燃料補給インフラ整備が課題であることなど書かれている。

後者では，欧米日の政府が自動車産業とその輸送分野でカーボンニュートラルに向けて2030年にガソリン・ディーゼル車販売を禁止する方針を打ち出したこと，中国政府も2035年にガソリンエンジン車の新車販売を禁止し，FCVやEVなど新エネルギー車を50%以上とする政策を打ち出したことを紹介している。中国では2021年末時点で，自動車保有台数のうちEVは2%だが，新車販売に占めるEVなど新エネルギー車の割合は13%に達した。2021年のアメリカのEV保有台数は自動車全体の1%に満たないが，2021年のEVの販売台数は43万台 (前年比83%増) であった。日本は，2021年3月末時点でEVは12万5,855台でかなり少ない。一方，EV関連特許は，世界上位50社のうち21社が日本企業である。

プリント配布後，「資料を読み，自動車輸送でカーボンニュートラルを実現するためにはどうしたらよいか考えよう」とめあてを示して，次の3点の課題にグループで取り組ませた。

第4章 「関係構造図」を使って高校「地理総合」で「脱炭素社会の実現」を考える 115

Q1. カーボンニュートラルの実現についてどのような方向にあるのか。

Q2. それを実現するために必要なことは何か?

Q3. この文章に書かれていない社会的・経済的・地理的影響について，関係構造図に記入しながら，実現のためにどうしたらよいか考えてみよう。

　資料を読み終わったと思われる頃合いをみて，Q1とQ2についてクラス全体で確認した。Q1はガソリン車の販売中止，EVなどの普及，Q2はEVの販売価格の低下，バッテーリー充電設備の普及，と読み取っていた。ここまでで授業時間の半分が過ぎた。次のQ3の関係構造図の描画はなかなか進まなかったため，「資料に書かれていたことを関係構造図に記入して」と指示を補って作業を進めた。クラス全体で共有する題材になる関係構造図を見つけられなかったため，残り10分になったところで，作業を中断させてQ3を尋ねた。生徒Aが「自動運転のことについて書かれていない」と発言した。「なるほど，自動運転については書かれていない。どんな課題があるのか」と問うと「事故が起きた時の責任は誰がとるのかという問題がある」と答えた。ここまでで時間となり，「それとカーボンニュートラルはどういう関係にあるのか」という問いかけはできずに終わった。

■ 4. 自動車輸送における「脱炭素社会の実現」に向けて

　図2-4-3は筆者が想定した関係構造図である。括弧内は資料に書かれていない事象であり，関係構造図を描いたあとの考察の視点の例を示している。授業では，関係構造図を図2-4-3のように描いた生徒は見られなかった。図2-4-4は，授業後に提出された関係構造図の一つである。資料中の語句が使えておらず，矢印で要素を結べていないなど不十分なものであるが，要素については想定した関係構造図に近いものが書けたと思われる。

　授業後の振り返りに「先進国の脱炭素が進んでも人口の多い発展途上国がそれをしなければ意味がないと思った」と書いた生徒がいた。資料にない発展途上国について触れたものである。また，図2-4-4を描いた生徒Bも「『エシカル』の意識」を書き込んでいる。資料に書かれていないことに気がついた生徒がい

116　第2部　地理システムアプローチによる図式化と社会変容をとらえることの意義

地球温暖化　関係構造図

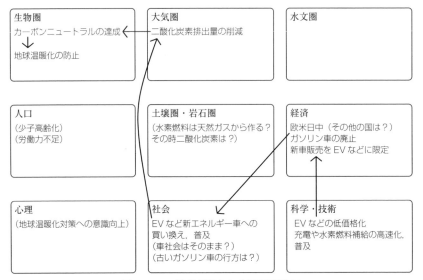

図 2-4-3　筆者が想定した関係構造図

(筆者作成)

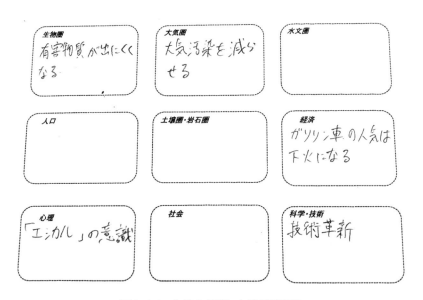

図 2-4-4　生徒 B が描いた関係構造図

たといえよう。

　今回は，筆者がデザインした授業には到達できなかった。生徒に提示した資料の量，作業量を考えた授業時間，生徒間の協議の時間など検討課題はある。しかしながら，頭の中で整理して物事を考えやすくする関係構造図を使って，「脱炭素社会の実現」に関する資料を批判的に検討するところまでは可能性を示せたであろう。授業の改善点として，資料は事前に読んできてもらったうえで，時間をかけて関係構造図を作成させ，描かれた関係構造図をもとにディスカッションすることができれば，「脱炭素社会の実現」に向け，高校生が発言していく「意見表明権の保障」になっていくと考える。

〈読者へのメッセージ〉

　「脱炭素化を遂行する鍵は，脱炭素の技術開発・イノベーションである」(郭, 2023) ことを知るだけでは，「持続可能な社会の担い手の育成」をめざす「地理総合」の授業としては十分ではない。今回の授業実践は，そうした問題意識とともに，講演を聴いて知ったトーマス・ホフマンの「解決志向のアプローチ」に対する筆者なりの応答として行った。物事を見やすくして批判的に考えることができるシステム思考は「世代間の平等」の実現に欠かせない「子どもの意見表明権」の保障につながっている。実践後に「フューチャー・デザイン」という取り組みを知った。この取り組みは，さまざまな問題について「仮想将来世代」という視点を導入して，現在の政策決定に意思を反映できない将来世代と現役世代との対話を行い，持続可能性の高い社会の仕組みをデザインすることであり，その実践のことをさす。「世代間の平等」を実現する実践として有効であると考える。さらに学んでいきたい。

注

1) 自分の意見を述べ，重視される権利。
2) なお，この授業は，考査や授業進度の関係で，3時間目の授業を終えてから約3週間後に行った。かなり間があいたことをお断りしておく。
3) 成長の限界とは，スイスに本部を置く民間のシンクタンクであるローマクラブが，1972年に，このまま経済成長と人口増加がすすめば100年以内に地球上の成長

は限界に達すると警鐘をならしたレポートのこと。研究の委託を受けたマサチューセッツ工科大学の D. H. メドウズらがシステムダイナミズムの手法でコンピュータを使って将来予測をモデル化した。

引用文献および教材開発のための参考文献

大田堯（2013）『大田堯自撰集成 1 生きることは学ぶこと教育はアート』藤原書店.

小田理一郎（2022）「小田理一郎「成長の限界」発刊から 50 年を振り返る」（チェンジ・エージェント社ウェブサイト記事）https://www.change-agent.jp/news/archives/001461.html（最終閲覧日 2024 年 9 月 1 日）

加賀美雅弘ほか（2023）『高校生の地理総合』帝国書院.

郭四志（2023）『脱炭素産業革命』ちくま新書.

共生エネルギー社会実装研究所（2023）『最新図説脱炭素の論点 2023-2024』旬報社.

月刊生徒指導編集部（2003）『生徒指導提要（改訂版）全文と解説』学事出版.

西條辰義ほか（2021）『フューチャー・デザインと哲学：世代を超えた対話』勁草書房.

福島達夫（1993）『環境教育の成立と発展』国土社.

メドウズ，D. H. ほか（1972）『成長の限界』ダイヤモンド社.

文部科学省（2018）『学習指導要領（平成 30 年告示）解説　地理歴史編』.

第3部

地理システムアプローチでありたい社会はどのように考えられるか

第1章

社会的諸課題への当事者意識と社会参画能力の育成を目指した授業実践
—— システム思考に関わる2つの能力を基軸にして ——

泉　　貴久

1. システム思考を活用した従来の地理授業実践の問題点

　システム思考は，曽我（2013）の見解にあるように，「問題を全体的にとらえ，解決策を見出す」（p. 103）能力と「社会との関連性を見出すことを通して，個人と社会の変容を促す」（p. 105）能力のことを指す。システム思考を活用した従来の地理授業実践の多くは，「諸事象や諸課題の関係性を理解し，問題の構造を把握すること」（山本・泉，2019，p. 106）や「諸課題の解決への手立てを示すことはできても，当事者意識を持ってより良い解決策を的確に判断・決定し，社会参画へと至るプロセスについては希薄」（泉，2021，p. 47）な状況にある。すなわち，システム思考における後者の能力の育成が不十分であるといえる。地理教育のねらいが「地理的諸事象間の関連性を総体としてとらえるとともに，そこから問題を発見し，多面的・多角的な視点から解決策について考えていくことで，持続可能な社会を目指していく」（梅村ほか，2018，p. 108）ことにあるならば，社会的諸課題への当事者意識の深化とともに，社会参画能力の向上を意図した授業展開がなされて然りである。

　以上述べた点を踏まえ，本稿では，社会的諸課題への当事者意識と社会参画能力の育成を目指すべく，システム思考に関わる2つの能力を基軸とした高校「地理総合」の授業実践である単元「文化祭Tシャツの謎に迫る！」（以下，本単元）について報告することとしたい[1]。

2. 実践における教材・授業デザインのポイントや視点

　本単元は，「地理総合」の大項目「B. 国際理解と国際協力」の中項目「(2) 地球的課題と国際協力」に該当する。私たちの生活に身近な「ファストファッション」をテーマに，開発コンパスや関係構造図などのシステム思考ツールを活用しながら衣服を媒介にした世界の相互依存関係への気づきとともに，それが経済，環境，人権にもたらす影響を認識することで当事者意識の育成と，社会的諸課題への望ましい解決策についての模索やサステナブルファッション実現へ向けての提案を通して持続可能な社会を構築するための社会参画能力の育成を図っていきたい。

　その際，システム思考に関わる2つの能力を，泉（2021）の示す「現状把握から社会参加に至る社会科学習のプロセス」（p. 48）を手がかりに，「システム思考に関わる5段階の能力」として整理した（図3-1-1）。そして，これら5段階の能力を授業実践上における生徒たちへの評価規準として位置づけるとともに，システム思考育成に関わる地理学習のプロセスとして設定した。

　上記の筆者自身の問題意識を踏まえ，本単元の目標について，学習指導要領

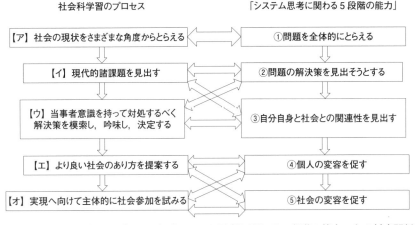

図3-1-1　社会科学習のプロセスと「システム思考に関わる5段階の能力」との対応関係

（筆者作成）

122　第3部　地理システムアプローチでありたい社会はどのように考えられるか

表3-1-1　「文化祭Tシャツの謎に迫る!」の単元構成

小単元名 (実施時間数) (【　】は社会科学習 のプロセス)	学習内容	主な学習活動 (下線部はシステム 思考ツール)	システム思考に関わる5段階 の能力との関連からみた 評価規準
1. 文化祭Tシャツ から何が見えて くるのか?(2時 間) 【ア】	・Tシャツの値段 ・Tシャツの製造地 ・Tシャツの素材と生 産地 ・Tシャツの物流方法 ・ファストファッショ ン拡大の背景	・統計資料読み取り ・分布図作成 ・流線図作成 ・ディスカッション ・プレゼンテーショ ン ・映像資料視聴	①1枚のTシャツを通して, それに関わるさまざまな社 会的諸事象を見出すことが できたか。 ③ファストファッション拡大 の背景を通して自分たちの 生活が世界と相互依存関係 にあることを理解すること ができたか。
2. 衣服はどこから どのようにして 私たちの手もと に届くのか?(2 時間) 【ア】	・素材の生産・製造 ・衣服の製造・流通・ 販売 ・国際分業体制 ・サプライチェーンの 特徴	・文献資料読み取り ・映像資料視聴 ・<u>フローチャート作 成</u>	①衣服素材の生産・製造,衣 服の製造・流通・販売を通 した国際分業体制について 理解を深めることができたか。
3. ファッション業 界の見えない部 分とは何か?(2 時間) 【イ】	・綿花栽培の実態 ・石油の大量使用 ・二酸化炭素の排出 ・衣服製造現場の実態 ・衣服廃棄の問題	・映像資料視聴 ・ディスカッション ・ワークシート記入	①ファストファッションの拡 大によって地球規模でのさ まざまな諸問題が発生して いることを理解することが できたか。
4. ファストファッ ションから見え てくることと は?(2時間) 【イ】	・人権侵害 ・環境破壊 ・利潤追求 ・自由貿易体制の弊害 ・南北経済格差	・<u>開発コンパス作成</u> ・<u>関係構造図作成</u> ・ディスカッション ・プレゼンテーショ ン	②ファストファッションの拡 大によってもたらされる地 球規模での諸問題の関連性 について理解することがで きたか。 ③諸問題を生み出す社会的背 景や要因について多面的・ 多角的に考察することで, 諸問題と自分たちとの生活 との関連性について気づく ことができたか。
5. ファストファッ ション問題の解 決策とは?(2時 間) 【ウ】	・ファストファッショ ンがもたらす問題の 解決策	・ランキング ・ディスカッション ・プレゼンテーショ ン ・ワークシート記入	②ファストファッションがも たらす諸問題の解決策につ いて多面的・多角的に考察 することができたか。 ③ファストファッションがも たらす諸問題の解決策への 考察を通して,当事者意識 をもつことができるように なったか。
6. サステナブルフ ァッションと は?(2時間) 【エ】【オ】	・サステナブルファッ ション実現の取り組 み ・未来の社会のあり方 ・私たちが考える持続 可能なファッション デザイン	・映像資料視聴 ・ワークシート記入 ・タイムライン ・プランニング ・ディスカッション ・プレゼンテーショ ン	④サステナブルファッション 実現へ向けて自身のライフ スタイル変革へ向けてのき っかけとなったか。 ⑤サステナブルファッション 導入を前提とした未来社会 のあり方について提言する ことができたか。

(筆者作成)

注)「社会科学習のプロセス」の【ア】～【オ】,「システム思考に関わる5段階の能力」の①～⑤は,
図1-1中の記号と番号それぞれに対応している。

第1章　社会的諸課題への当事者意識と社会参画能力の育成を目指した授業実践　　123

が示す3つの資質・能力との関わりから以下の6点に集約した。

---

a. 文化祭Tシャツを切り口に，衣服の生産・調達・消費等に関わるさまざまな諸事象への興味・関心を喚起する（主体的に学習する態度）。

b. 衣服の製造，販売，消費に関わるサプライチェーンについてのフローチャートを作成することで，自分たちの生活が世界諸地域と相互依存関係にあることを理解する（知識・技能）。

c. 映像資料の視聴を通して，ファストファッションがもたらす諸課題について幅広い観点から理解する（知識・技能）。

d. 開発コンパスや関係構造図の作成を通して，ファストファッションによってもたらされる諸課題についてシステム思考に立脚しながら考察する（思考・判断・表現）。

e. ダイヤモンドランキングを通して，ファストファッションによってもたらされる諸課題の解決策について多面的・多角的に考察する（思考・判断・表現）。

f. サステナブルファッションの考え方についての理解を前提に，ファッションをデザインすることを通して，SDGs（持続可能な開発目標）の観点から未来社会のあり方について模索し，その実現へ向けた提案を行う（主体的に学習する態度）。

　これらの単元目標を踏まえ，表3-1-1に示すように6つの小単元を設定した。表中には，各小単元に対応した「実施時間数」「社会科学習のプロセス」「学習内容」「主な学習活動」「システム思考に関わる5段階の能力と関連した評価規準」について示している。学習形態については，「課題解決」「模索」「提案」などの学習活動に相応しいものにするべく，ディスカッションやプレゼンテーション（以下，プレゼン）主体の協働学習を積極的に採り入れた。なお，上述した本単元の6つの目標a〜fの順番は，1〜6の各小単元に対応している。

■ 3. 指導例

　ここでは，各小単元における授業展開について，24名の生徒たちを対象とした学習活動をメインに示していきたい。なお，各小単元は，2時間連続の授業展開となっている。具体的には，教科書，地図帳，資料集[2]のほか，タブレ

ットを活用しながらのグループワーク（24名を1グループ4名の6グループに編成）を通したリサーチやディスカッション，その成果をクラス全体でシェアするためのプレゼン，終了後のリフレクションを兼ねた授業コメント作成を基軸にした学習活動で構成されている。

小単元１：文化祭Tシャツから何が見えてくるのか？

　まずは，文化祭時にクラス全員で購入したTシャツを取り上げ，以下の点についてグループごとにリサーチを行った。

・文化祭で購入したクラスTシャツの値段：2,000円
・Tシャツの注文から手にするまでの期間：4日間
・Tシャツの受注企業の所在地：大阪市鶴見区
・Tシャツの製造地（国）：ベトナム
・Tシャツの学校への運搬手段：飛行機，トラック
・Tシャツの素材：ポリエステル
・Tシャツ素材製造地（国）：中国，インドなど
・Tシャツ素材の原料：石油
・Tシャツ素材の原料生産地（国）：サウジアラビアなどの中東諸国

　次に，Tシャツ製造地（国）と素材や素材原料の生産地（国）を世界地図上に落とし込み，その分布の特徴について考察するとともに，世界地図上に落とし込んだそれらの場所と日本とを線で結びつけ，その特徴について考察し，そこからどのようなことが読めるのかディスカッションを行った。

　続いて，ファストファッションの言葉の定義や歴史，有名ブランド，拡大の背景についてリサーチを行い，最後にクラス全体で映像資料を視聴することで，ファストファッションがもたらす問題点について各自理解を深めた。

小単元２：衣服はどこからどのようにして私たちの手もとに届くのか？

　まずは，グループごとに異なる衣服を取り上げ，その製造地と製造過程，素材とその原料の生産地と生産過程についてそれぞれタブレットを用いてリサーチを行った。その結果，衣服や素材の製造地，原材料の生産地のほとんどが

第 1 章　社会的諸課題への当事者意識と社会参画能力の育成を目指した授業実践　　125

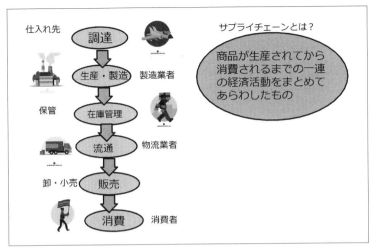

図 3-1-2　生徒たちが作成したサプライチェーンのフローチャート
（Google Jamboard を活用して作成）

発展途上国であることを再認識するとともに，その理由について安価な生産コスト，開発優先の政治・経済システム，資源分布の偏在性などの観点から理解を深めた。

　次に，サプライチェーンという用語の定義を確認した上で，それを図式化するためのフローチャートの作成をグループごとに行った（図3-1-2）。最後に，映像資料[6]をクラス全体で視聴しながら，サプライチェーンの仕組みとその特徴について各自理解を深めた。

小単元 3：ファッション業界の見えない部分とは何か？
　まずは，ファストファッションの実態を描いた映画[7]をクラス全体で視聴した上で，以下の観点についてグループごとにディスカッションを行い，その成果をスライドにまとめ，プレゼンを行った。

・映画の内容のアウトライン	・映画で印象に残ったシーン
・映画が視聴者に訴えたいこと	・映画を観た感想

126　第3部　地理システムアプローチでありたい社会はどのように考えられるか

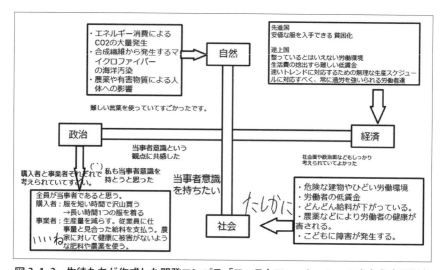

図3-1-3　生徒たちが作成した開発コンパス「ファストファッション」のもたらす問題点
注）予め筆者の方でサンプルを示し，生徒たちはそれを参考にGoogle Jamboardを活用して作成した。

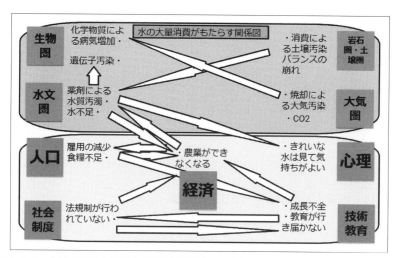

図3-1-4　生徒たちが作成した関係構造図「ファストファッションのもたらす問題点」
　注）予め筆者の方でサンプルを示し，生徒たちはそれを参考にGoogle Jamboardを活用して作成した。

次に，これまでの学習内容をふりかえる意味から，映像資料を視聴し，ファストファッションのもたらす問題点について各自ワークシートに書き留め，整理を行った。

小単元4：ファストファッションから見えてくることとは？

まずは，ファストファッションのもたらす問題点について，グループごとに開発コンパス（図3-1-3）を作成し，そこからどのようなことが見いだされるのかをグループ内でディスカッションを行い，その成果をスライドにまとめた。次に，グループごとに開発コンパスに記載された問題点を一つ取り上げ，関係構造図（図3-1-4）を作成した上で，そこからどのようなことが見出されるのかをグループ内でディスカッションを行い，その成果をスライドにまとめた。その後，ここまでの作業の成果について各グループの代表者によるワールドカフェ方式でのプレゼンを行った。

小単元5：ファストファッション問題の解決策とは？

まずは，ファストファッションがもたらすさまざまな問題点への解決策として，筆者から提示された8つのプランとともに，グループごとに1つのプランを考案し，それらを吟味した上で，優先すべきものを順にランクづけしていく作業を行った（図3-1-5）。そして，そのようなランクづけとなった理由についてグループごとにプレゼンを行った。その後，各自が考える問題解決策についてランキングを行い，ワークシートにまとめる作業を行った。

小単元6：リスティナブルファッションとは？

まずは，映像資料をクラス全体で視聴した上で，サステナブルファッション普及へ向けての取り組みについて気づいたこと，感じたことを各自でワークシートにまとめた。その上で，「未来社会のあるべき姿」についてグループごとにディスカッションを行い，その成果をスライドにまとめ，プレゼンを行った。

続いて，各グループがプレゼンで提案した望ましい未来社会の達成年度を決定するとともに，それへ向けて段階的に取り組まなければならない社会政策に

128　第3部　地理システムアプローチでありたい社会はどのように考えられるか

A. 図書館やインターネットなどでファストファッションのもたらす問題について調べたり，勉強したり，知識をつける。
B. ファストファッションがもたらす問題の解決へ向けて活動している団体の講演会やイベントに参加する。
C. 募金やボランティアなどを通してファストファッションがもたらす問題の解決へ向けて活動している団体を支援する。
D. 少々値段が高くても天然素材を使用し，労働者の人権や地球環境へ配慮を施している衣服を購入するように心がける。
E. 天然素材の使用，労働者の人権や地球環境へ配慮を施している衣服を製造するよう世界的に影響力のある企業の担当者に手紙を送る。
F. 日本政府にもっとファストファッションのもたらす問題に取り組むよう人々から署名を集め，その声を届ける。
G. 新聞やテレビなどを通してファストファッションのもたらす問題について国内外の多くの人々に対して訴える。
H. ファストファッションのもたらす問題点について，友人や家族など身近にいる人たちと議論する。

I. ＿＿

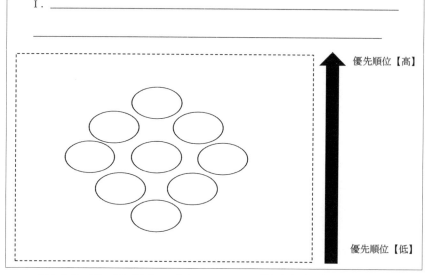

図3-1-5　ランキング「ファストファッションがもたらす問題への解決策」
（筆者作成のワークシートより抜粋）

について，現在を起点に将来の年代を順に列挙し，タイムライン（年表）の作成を行った（図3-1-6）。最後に，自分たちのグループが考える持続可能なファッションにデザインを施し，その成果をスライドにまとめ，プレゼンを行った。

第1章 社会的諸課題への当事者意識と社会参画能力の育成を目指した授業実践　129

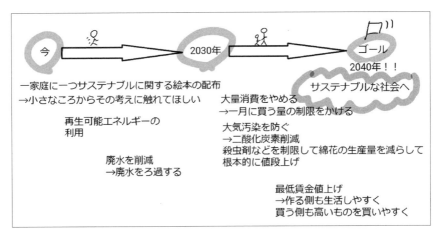

図 3-1-6　生徒たちが作成した未来社会を見据えたタイムライン
（Google Jamboard を活用して作成）

4. 意義や今後の課題

　ここでは，当事者意識と社会参画能力を含めたシステム思考に関わる5段階の能力がどれだけ身についたのかを，各小単元終了時に生徒たちから提出された授業コメントの中から筆者が無作為に抽出した1名のものを取り上げ，表3-1-1に示した評価規準との関わりから考察していきたい。なお，コメント内の下線部については，システム思考の能力と関連すると思われるものを筆者の判断で記すとともに，下線部冒頭には図3-1-1に示された「システム思考の諸能力」に対応する①〜⑤の番号を付している。

小単元1：文化祭Tシャツから何が見えてくるのか？
③クラスTシャツや自分達の普段着がどこでつくられているかなんて気にしたことがなかった。最近ニュースなどで①下請けの工場労働者の人権問題や設備の問題が話題になっているのでタイムリーだった。

小単元2：衣服はどこからどのようにして私たちの手もとに届くのか？
①自分達が着ている服や文化祭クラスTシャツの材料や生産元，加工場所のことを調

べるのは面白い視点だった。サプライチェーンの問題を解決するために企業側，顧客側が相互に動くことが大切だと思う。工場などで働く低賃金労働者の問題も SNSなどでもっと取り上げるべき。

小単元 3：ファッション業界の見えない部分とは何か？

映画の感想として，衝撃的な事件だったのに今まで知らなかった。日本でももっと大々的に取り上げるべき。①ファッション業界の環境へ与える負荷と貧しい国の人たちの犠牲という相互に深く絡みついた問題を，日常生活から考え直す必要がある。

小単元 4：ファストファッションから見えてくることとは？

②服から環境や経済などに結びつき，いろいろな視点から物事を見て課題解決につなげることが大切だと思った。みんなの発表が③一つの観点から問題の背景まで深く考えられており，レベルがどんどん上がっている。

小単元 5：ファストファッション問題の解決策とは？

発表してた班はほとんど優先順位が同じような感じで興味深かった。まずは③問題に対して知識をもって取り組むことを最優先にしていた。②解決策はさまざまで，実際はもっといろいろな方法があると思った。

小単元 6：サステナブルファッションとは？

⑤未来社会は SDGs とファストファッションの共存だと思った。④どの班も脱炭素化へ向けたライフスタイルへの転換を掲げ，サステナブル社会につなげていた。持続可能なファッションを考えるのが大変だった。

　ここから，ファストファッションのサプライチェーンの考察を通して，それがもたらす社会的諸課題相互の関係について認識を深めるとともに，諸課題そのものに真摯に向き合っていることが理解できる。また，諸課題の解決策や持続可能な社会のあり方について提案したり，サステナブルファッションのデザインを考案したりすることの難しさを実感している様子を伺うことができる。それらのことは，表 3-1-2 に示す受講生徒全員の授業に対する質問紙調査の結果からも垣間見ることができる。

　以上のことから，当事者意識と社会参画能力を軸としたシステム思考の深化

第 1 章　社会的諸課題への当事者意識と社会参画能力の育成を目指した授業実践　　131

表 3-1-2　単元「文化祭 T シャツの謎に迫る！」授業に対する質問紙調査の結果

質問項目	回答内容
1.「文化祭 T シャツの謎に迫る！」の授業について興味・関心をもつことができましたか？ 4 つの選択肢の中から 1 つだけ選び，○をつけてください。	とてもよくもつことができた・・・・・・・・・・・・・・・・・18 名 まあまあもつことができた・・・・・・・・・・・・・・・・・・6 名 あまりもつことができなかった・・・・・・・・・・・・・・・・0 名 まったくもつことができなかった・・・・・・・・・・・・・・・0 名
2. あなたが授業に興味を持つに至った理由とは何ですか？ 6 つの選択肢の中から 3 つ選び，○をつけてください。	課題を総合的・全体的にとらえることができるようになったため・・・14 名 物事の関連性をとらえることの面白さを感じたため・・・・・・・・14 名 課題への当事者意識が高まったため・・・・・・・・・・・・・・・13 名 生徒が主体的に学ぶ授業スタイルであっため・・・・・・・・・・・12 名 テーマが自分たちにとって身近なものであったため・・・・・・・・10 名 持続可能な社会の実現に貢献できると考えたため・・・・・・・・・9 名
3. 本授業の総括コメントを簡潔にまとめてください。 （24 名の生徒の記述の一部分を抜粋）	A．たった一枚の T シャツからこれほど大きな社会問題が起きているかを知った。 B．解決のために求められる行動は難しいことではない。実践に移せるかが大事。 C．T シャツから問題になるものが浮かび，さらなる問題も見つかる一連の流れ。 D．知識を自分の中で完結せず，家族や友達にこの現状を話して伝えていく。 E．ファストファッションから様々な服が生まれ，すべてが悪いとはいえない。 F．自分にとって身近な問題も実は地球規模の問題に大きくかかわっている。 G．SDGs などいろいろな問題との関係性を知ることができた。 H．T シャツで様々な関係があり，社会問題に発展しているとは思わなかった。 I．サスティナブルになんでもつなげることができ，新たな発見になった。 J．服が環境に害を与え，自然環境やおしゃれも含めた生活がなくなってしまう。 K．服のことも化石燃料も何が問題なのかを理解した。これを念頭に行動したい。 L．これからどのように服と向き合うべきか考えることができた。 M．問題になにかしらの形で間接的にでも少しでも貢献出来たらいいなと思う。 N．T シャツを深掘りして考えると，他も同様の問題があり，計り知れない。 O．T シャツから想像できない内容が出て，次に考えることも想像できずにいた。 P．今後の行動に向けて，今回の授業で問題や解決策を知り考えることが出来た。 Q．自分が知らないところで大変な生活をしている人がいることがわかりました。 R．文化祭のクラ T の話からここまで大きく話が広がるとは思っていなかった。 S．解決へ向け，すべてを考慮したうえで私たちが上から変えていく必要がある。 T．実態について知る人が増えれば，この現状を変えることができると思います。 U．社会問題に自覚なしに関わることもあり，行動に責任感を持っていきたい。 V．サスティナブルファッションという選択が大切だということを学びました。 W．ファストファッションを購入する時はしっかり考えてからにしようと思う。 X．今回授業での学びを生かし，SDGs の達成に少しでも近づけたらと思います。

注）質問紙調査は 2023 年 11 月 9 日～16 日に Google Forms を用いて実施した。　　　（筆者作成）

という本単元のねらいがおおむね達成できたといえるだろう。一方で，生徒たちの作成したシステム思考ツールを通した社会的諸課題間のつながりについての分析・考察が不十分であったため，彼ら彼女らのシステム思考の段階的発達についての検証がおざなりになったことは否めない。

今後の課題として，システム思考ツールの分析・考察過程を通したシステム思考の段階的な発達への検証と，その最上位に位置づけられる「社会の変容を促す」能力の育成を重視した授業開発を進めることで，行動力育成を含めた生徒たちの社会参画能力のさらなる向上に貢献していきたいと考える。それとともに，生徒たちが授業で身につけた「社会の変容を促す」能力が「問題の全体的な把握」や「自分と社会との関連性」「個人の変容」といった「システム思考に関わる5段階の能力」のいずれかのレベルに立ち返ることのできる，いわば「システム思考のスパイラルな発達」を促すような授業展開をしていきたいと考える（図3-1-7）。

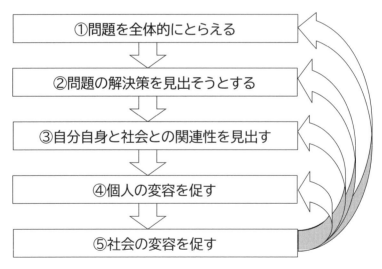

図1-7 「システム思考に関わる5段階の能力」のスパイラルな発達

（筆者作成）

第1章　社会的諸課題への当事者意識と社会参画能力の育成を目指した授業実践　　133

〈読者へのメッセージ〉

「地理総合」では，生徒たちが社会的諸課題を自分事として受け止め，持続可能な未来を構築するために地球市民としての自覚をもちながら，SDGs へ向けて自らのライフスタイルと社会の改善に向けての取り組みへとつながる学びのあり方が求められている。本実践では，生徒たちの生活に身近なファッションを切り口に，開発コンパスや関係構造図などのシステム思考ツールの活用を通して，現代世界の実相に迫るとともに，社会的諸課題の解決へ向けての当事者意識の深化と社会参画能力の育成を試みた。読者諸氏におかれても，身近な事例を切り口に世界と自分とのつながりを生徒たちに実感させる意味において，システム思考を伴った「主体的・対話的で深い学び」をぜひとも展開していただきたい。

注

1) 本実践は，今後の「地理総合」での実施を見据え，高校3年生専修大学進学クラス所属の生徒が受講する地理歴史科の特設科目「社会科学入門」にて2023年10月2日〜11月9日に試験的に実施した。
2) 教科書は東京書籍発行『地理 A』，地図帳は帝国書院発行『標準高等地図—地図で読む現代社会—』，資料集は第一学習社発行『最新地理図表 GEO』をそれぞれ採用している
3) 筆者の勤務校では，2021年度より一人一台のタブレットが導入されており，Google for Education を活用しながら ICT 教育に取り組んでいる。
4) イギリス BBC 制作の2本の短編映像「ファストファッションの末路—不必要になった衣服の埋め立て地—」(2021年10月8日公開：https://www.bbc.com/japanese/video-58839356) と「ファストファッションが環境に与える影響を解説」(2020年12月16日公開：https://www.bbc.com/japanese/video-55329460)。
5) 各グループが取り上げた衣服は，「セーター」「体操着」「靴下」「タイツ」「水着」「制服のズボン」であった。
6) 環境省制作「これからのファッションをサステナブルへ」。https://www.env.go.jp/policy/sustainable_fashion/（最終閲覧日2024年1月4日）
7) アンドゥルー・モーガン監督「ザ・トゥルー・コスト—ファストファッション真の代償—」(2015年アメリカ)。日本ではユナイテッドピープルの配給による。
8) 「【アパレル】ファッションは環境に悪いって本当？【4つの問題点】」(2022年7月1日公開)，映像資料の制作は「サーキュラーエコノミードット東京」https://circulareconomy.tokyo/（最終閲覧日2024年11月4日）による。

134　第3部　地理システムアプローチでありたい社会はどのように考えられるか

9) 取り上げた問題点は，「労働者の低賃金」「環境への負担」「農薬使用による影響」「劣悪な労働環境」「先進国と途上国の格差」「水の大量消費」であった。
10) グループに分かれ，カフェのようなリラックスした雰囲気で対話を行い，一定の時間が経過したら，メンバーを入れ替えて同様の活動を行う。
11) RKB 毎日放送制作の情報番組「タダイマ」で取り上げられたサスティナブルファッション」の取り組み (2021 年 3 月 4 日放送)。https://rkb.jp/article/43947/

引用文献および教材開発のための参考文献

泉貴久 (2021)「システム思考に立脚した社会参画を見据えた「課題解決型の地理教育」の授業実践—高校「地理総合」単元「フライドチキンから私たちの食生活を考える」を通して—」日本社会科教育学会『社会科教育研究』143, pp. 46-60.

梅村松秀・泉貴久・山本隆太・宮﨑沙織 (2018)「システムアプローチとは」古今書院『地理』63.2, pp. 106-110.

曽我幸代 (2013)「ESD における「自分自身と社会を変容させる学び」に関する一考察—システム思考に着目して—」国立教育政策研究所『国立教育政策研究所紀要』142, pp. 101-115.

山本隆太・泉貴久 (2019)「地理教育におけるシステムアプローチの現在地」古今書院『地理』64.3, pp. 102-107.

第2章

暮らしやすい，暮らし続けられる地域について考える

—— 学習手法ミステリーで地域システムをメタ認知し，望む未来を想定する ——

山内　洋美

　初めに，2024年元日に発災した能登半島地震，そして9月豪雨で亡くなられた方々のご冥福を祈り，被害に遭われた皆様に衷心よりお見舞い申し上げます。自然災害の繰り返される日本において，住み慣れた地域で暮らし続けるために，地理教育は何ができるのか。今回の地震に限らず，これまでの自然災害で大きく被災した地域に一日も早く日常が戻ることを祈りながら記します。

1. 学習手法ミステリー[1]を用いて，地域の課題を自分ごとにする

　2020年春から2023年春にかけて，コロナ禍によって，高校における地理の授業は大きく制限を受けた。特にグループワークやフィールドワークを行いにくくなったと感じた。その結果失われた，地理的な観察力や，多角的な視点を育むコミュニケーション力を育てる機会に代わる手立てはないかと考えていたときに，学習手法ミステリーの活用を思いついた。

　イギリスのD. リートによる初期の学習手法ミステリーにおける教材は，補助資料となる図表・地図や新聞記事等と，複数の人物がかかわる一見噛み合わない複数のストーリーを2，3文で構成される要素に切り分けた情報カード[2]で構成されていた。そして，その教材を用いてグループワークでその複数のストーリーを復元するとともに，ストーリー間の関係を考えながら，与えられた具体的な問いに答えるというものであった。前後して当時の英学校カリキュラム・評価機関（School Curriculum and Assessment Authority, SCAA）が「ミステリ

ー教材開発5原則」というものを示している[3]。それがドイツに渡り，トーマス・ホフマンの手によって異なった形式に生まれ変わった（Schuler et al., 2012）。つまり，それぞれ独立した濃密な情報を持っている情報カードを用いて，噛み合わないように見えるその情報同士の関連性あるいは因果関係をもってストーリーを組み立て，なぜ，そのようなことが起こっているのかという問いに答えるという形式に変化した。その結果，英SCAAが示した「ミステリー教材開発5原則」の1.生徒の関心をひく身近な現実をできるだけ題材とする（下線部筆者），と2.特徴ある人物を登場させ，人々（社会）と環境との関係へ焦点を当てる（下線部筆者），の影が薄れ，ストーリーをつくる難易度は一気に上がり，5.生徒が「何を理解・何をできるようになって欲しいか」からデザインすること（下線部筆者），の「何」のスケールが，「身近な現実」から「地球規模」に拡大した。その後，トーマス・ホフマンの形式をもとに日本において気候変動適応のためのミステリー教材が作成され（高橋・ホフマン，2019），さらに複数の地域において，その地域特有の事象を組み込んだミステリー教材の作成が進められている[4]。

　筆者もこれまで，『黒い津波とリアス海岸』（山内，2021）をはじめとする複数のミステリー教材を手探りで作成・実践してきたが，その中で気づいたことが2つある。一つは，グループワークという形態で，対話しながら複数のカードを物理的に動かして関連づけ，ひとつの「ビッグピクチャー」をつくることが，生徒の活動や思考を活性化させるとともに，他者の思考を取り入れて自分の思考をつくることにつながるということだ。しかもそれは，カード教材の完成度には必ずしもかかわらない。ただ，「ミステリー教材開発5原則」の5.生徒が「何を理解・何をできるようになって欲しいか」からデザインすること，を意識してカード教材を作成することが重要である。もう一つは，教員自身が目の前の生徒のためにカード教材をつくることが重要で，それによって教員自身の生徒や地域を見る目が育ち，さらに教員自身のシステム思考が育ち，カード教材を通じて生徒に還元できるということだ。筆者自身，何もわからずに学び始めたシステム思考について，学習手法ミステリーを授業に取り入れようとしたことで，急激に理解が深まった実感がある。

第2章　暮らしやすい，暮らし続けられる地域について考える　137

　本論でテーマに据えた「暮らしやすい，暮らし続けられる地域について考える」は，気候変動適応のためのミステリーと同様に，高校地理の学習において身近な現実と地球規模の自然環境や社会環境を関連づけながら地域の課題を自分ごととして考えられるようになることを目指した実践である。それはコロナ禍で2か月の休校を強いられながらも，勤務校において1年次必修の旧課程「地理A」「(2) 生活圏の諸課題の地理的考察」の現地調査に代わるものを模索したところから始まる。その中から2023年度2年次選択「地理探究」における『開発に伴う災害と防災・減災の取り組み』単元でのミステリー教材の作成と実践を中心に述べたい。

■ 2.　実践における教材・授業デザインのポイントや視点

　「地理探究」という科目は，高等学校地理のカリキュラムとしては初めて必修科目の上に重ねて選択する設定となるため，「地理総合」の学習内容を踏まえた授業デザインが求められる。「地理総合」C「(1) 自然環境と防災」の内容に関しては，「地理探究」の各社教科書において係る発展的単元が存在する。それは「地理探究」の学習指導要領において「地理総合」の内容C (1) の学習を踏まえた取扱いに留意するとあること，また学習指導要領解説「2 内容とその取扱い」のA (1) ア (ア) で，「地理総合」C (1) における既習事項について「空間的な規則性，傾向性」をもってとらえ直す必要性を示唆し，また (1) イ (ア) で「地形の違いによる自然災害に対する脆弱性と強靭性の関係や要因を理解」するといった例を挙げていることによるだろう[5]。

　一方で，「地理総合」C (1) は旧課程「地理A」「(2) イ自然環境と防災」に相当するものであり，また「地理探究」A「(1) 自然環境」は旧課程「地理B」「(2) ア自然環境」に相当する。そのことも，「地理探究」の各社教科書で自然環境と防災に係る単元が置かれている理由となろう。

　そこで「地理探究」A (1) において，「地理総合」C (1) を踏まえて自然環境の「空間的な規則性，傾向性」を理解した上で，地域開発によって地域の自然環境および自然災害に対する脆弱性や強靭性がどう変化するのか，またそれに

対しどのように思考・判断・行動することが必要なのかという視点から授業計画を立てた。そして，旧課程「地理A」(2)において地域調査の代替として作成・実践したミステリー教材『西陵ミステリー』を改訂した『西陵ミステリー：開発と災害』を作成し，実践に組み入れることとした。したがって，以降この2つのミステリー教材を用いた実践について述べる。

　筆者による学習手法ミステリー実践の流れと用語について先に述べておく。ミステリー教材は，初めに読み上げることで生徒に謎を感じさせる，互いに関連の薄い3枚の「ストーリーカード」と，なぜと問う1つ目の問い（以下Q1）に答えるための「情報カード」で構成されている。またそれらのカードを物理的に関連づけて並べた状態を「ビッグピクチャー」と呼ぶ。本実践においては，その「ビッグピクチャー」を用いてミステリーストーリーを組み立て，Q1に答えることで，自然環境の「空間的な規則性，傾向性」を理解し，また地域開発によって自然環境および自然災害に対する脆弱性や強靭性がどう変化するのかといった「地域認識」を得たとみなす。そしてそれらを踏まえてどうすればよいかと問う2つ目の問い（以下Q2）に答えることで，どのように思考・判断・行動することが必要かといった「価値判断」を行ったとみなしている。また，ミステリーのまとめについては，リート型に準じれば「ミステリー教材開発5原則」の5にしたがって，課題の答え（ここではQ1に対するA1）にあたる事実認識の妥当性や正確性について評価するのだろうが，ここではホフマン型に準じて，ミステリーに取り組んでどのような地域認識をもち，地域に対する価値判断を行ったかについてメタ認知し言語化できることを目標としたい。

3. 『西陵ミステリー：開発と災害』開発と実践

　ここでは，2023年度2年次「地理探究」における実践を中心に述べる。主な単元は『西陵ミステリー：開発と災害』教材による「開発に伴う災害と防災・減災の取り組み」だが，それを踏まえて改定前『西陵ミステリー』教材による「都市問題」の実践を行ったため，2項に分けて分析する。

第2章　暮らしやすい，暮らし続けられる地域について考える　　139

3-1. 『西陵ミステリー：開発と災害』を通じて学校周辺の開発と災害を考える

　まず，2023年度2年次「地理探究」における「開発に伴う災害と防災・減災の取り組み」単元の指導計画は以下の通りである。

　第1時　日本の地形と気候の特徴を整理する

　第2時　学校周辺地域の地形と開発による変化を読み取る

　第3時　西陵の裏山はなぜ開発されたのか（『西陵ミステリー』実施）

　第4時　日本における開発に伴う災害と防災・減災の取り組み

　選択者は28名。年度当初のアンケート（複数回答）に回答した26名中15名が「もともと地理が好きだから」「地理総合の授業が面白かったから」「知らない場所のことを知るのが楽しいから」「地図を見るのが好きだから」「旅行するのが好きだから」「他の地域の言語や文化に関心があるから」というプラスの意識から選択している一方で，12名（重複あり）が「歴史より地理のほうがましだから」「歴史が苦手だから」といった意識をもっている。

　第1時では，日本の地形と気候の特徴について，白地図を使いながらグループで作業し，学習内容の整理をした。その上で，個人でGoogle Jamboardを用いて，河川のつくる地形と海岸地形の模式図に，地形や土地利用の特徴と起こりうる災害をまとめさせた。この段階で小地形や災害について，生徒の学習内容の認識がまちまちであることは把握した。そこで，第2時では，各グループに主な通学区域を含む範囲を7つに分割して担当させ，旧版地形図と現在の地形図を比較し，担当範囲を特徴づける小地形と開発による変化を読み取らせた。Google Formsによる個人の振り返りからは，地形図から小地形を読み取ることに苦戦したものの，開発による土地利用の変化は読み取れていたようだった。

　第3時で『西陵ミステリー：開発と災害』を実施した。はじめに，ストーリーカードA・B・Cを読み上げて聞かせる。その後に，各グループにカードとプリントを配布し，Q1「なぜ，西陵の裏山は開発されたのか？」を板書する。カードを班員全員に均等に配って，担当のカードの内容をよく読んでから，協力してすべてのカードを関連づけ，Q1について説明するように指示をする。各班の生徒たちはそれぞれ異なった動きをする。情報カードをストーリーカー

表 3-2-1 『西陵ミステリー：開発と災害』カード一覧

- ストーリーA：西陵の裏山がなくなるの？
- ストーリーB：西陵への通学が大変？
- ストーリーC：西陵，クラス減っちゃうの？

1：宮城県農業短期大学　御堂平農場図（S42）※6
2：国道経路変更※16
3：笊川※18
4：八木山治山ガーデン※29
5：八木山の亜炭鉱山
6：名取川の治水と利水
7：造成宅地活動崩落緊急対策事業
8：ベーブ・ルースが来た※ストーリーB
9：人口2万人の町を目指して―高館山開発
10：カメイアリーナ仙台（仙台市体育館）
11：仙台市の人口推移（T9-H27）※1
12：仙台南部道路（旧産業道路）
13：物流の2024年問題
14：ひより台とひより台大橋

※記号・番号：改定前「西陵ミステリー」での記号・番号

ストーリーA　西陵の裏山がなくなるの？

2022年、西陵の裏山が30m、その高さを削られることになったときいて、西陵1年生のサヤコとユノは、そのいきさつについて調べてみた。

周辺は宅地開発が進んでいて、新たに西陵の裏山を含む地域も開発されることが決まったことが直接の理由だ。ただ、もともと学校側の急斜面が崩れやすくて、2011年の東日本大震災で北西角に活断層があることがわかり、体育館が安全ではないと避難場所から外された。また2019年の台風19号でも同じ場所が崩れて倉庫がつぶれたりしたこともあり、裏山を削るのは学校としても以前から要望していたところであったと聞いた。

ただ、思った以上に裏山がなくなるのは淋しい。春の花々、夏の深緑、秋の紅葉、冬の雪景色が見られなくなる。そして時折訪れるカモシカやリス、キツネなどのかわいいお客さんもいなくなるだろう。

14　ひより台とひより台大橋

ひより台に住むサヤコは、2015年にひより台大橋ができたのを覚えていない。母が「本当に不便だったのよ」と話すのをきいて、調べてみた。1966年に、ひより台団地の建設に伴って、八木山方面へのアクセスのために計画されたひより台大橋は、地下鉄東西線の開業に伴ってようやくできたという。授業で笊川に行ったときに下から見上げてみたら、びっくりするほど高かった。

八木山南から西陵の東側を抜けて国道286号線へ抜ける広い道路（郡山一折立線）ができたのも、ひより台大橋開通と合わせたためだと聞いた。

西陵の裏の宅地ができるのに合わせて、ひより台大橋の脇にも商業施設ができるらしいと聞いて、太白団地の西友に行くより便利になるかも、とサヤコは思った。

2021.9.29撮影
写真奥は商業施設予定地
右手の丘陵は西陵裏山より続く

図 3-2-1 『西陵ミステリー：開発と災害』カードの例

（筆者作成）

ドA・B・Cと関係のあるカードとして分類したり，地名や地形，共通する事象によって分類したりする班。または1枚1枚カードを眺めては一つひとつ関係性を口走りながら並べていく班，等々。カードの総数は17枚（表3-2-1）だが，それぞれのカードは図表も含め多様な情報が載っていることから（図3-2-1），どのカードとどのカードをつなげるかで班の中で意見が分かれたりする。

30分くらいですべてのカードをつなげてビッグピクチャーをつくり，Q1についての答え（A1）をつくった生徒たちは，プロジェクターでそのビッグピクチャーを映しながら，カードのつながりも含めてA1を説明し，クラスで共有した。さらにそのQ1・A1を踏まえて，Q2「西陵周辺の地域でよりよく暮らすためには，どのような開発が望ましいか」を班で話し合い，理由を含めてプリントに記述した。

以下に例としてE班のビッグピクチャーを提示する（図3-2-2）。ビッグピクチャーの解説は筆者が加えたものである。

E班のカードのつながりは，必ずしも論理的なものでも，カードの内容を深

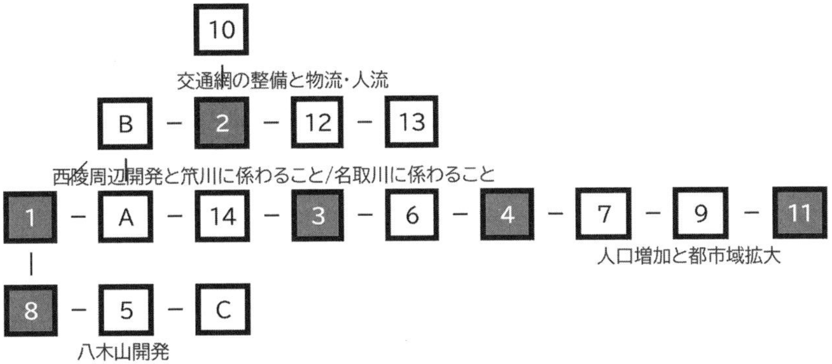

第 2 章　暮らしやすい，暮らし続けられる地域について考える　　141

```
            ┌──┐
            │10│
            └──┘
        交通網の整備と物流・人流
  ┌──┐   ┌──┐   ┌──┐   ┌──┐
  │ B│─│ 2│─│12│─│13│
  └──┘   └──┘   └──┘   └──┘
  西陵周辺開発と笊川に係わること/名取川に係わること
┌──┐ ┌──┐ ┌──┐ ┌──┐ ┌──┐ ┌──┐ ┌──┐ ┌──┐ ┌──┐
│ 1│─│ A│─│14│─│ 3│─│ 6│─│ 4│─│ 7│─│ 9│─│11│
└──┘ └──┘ └──┘ └──┘ └──┘ └──┘ └──┘ └──┘ └──┘
  │                                 人口増加と都市域拡大
┌──┐ ┌──┐ ┌──┐
│ 8│─│ 5│─│ C│
└──┘ └──┘ └──┘
  八木山開発
```

Q1：なぜ，西陵の裏山は開発されたのか
A1：水田などが多いことから地滑りがしやすく，裏山も地滑りをする可能性があるということから，事前に災害を防ぐため裏山は切り崩された。またひより台大橋が国道286号線に行きやすくするため，開通された。また仙台市の人口が増加していることから裏山の開発が決定されたと考える。

Q2：西陵周辺の地域でよりよく暮らすためには，どのような開発が望ましいか？
A2：駅，交通の面が良くなるから

図 3-2-2　『西陵ミステリー：開発と災害』におけるE班のビッグピクチャーと問いに対する答え

（生徒が作成したものを筆者が再構成，カードのつながりの解説は筆者による）

く読み込んだものでもないようにみえた。全カードの接点は，A・B・1・8となっている。ストーリーカードBとAと情報カード1をつなげたのは，どれも西陵のことについて記述されているからでしかなく，しかも，1と8がなぜつながっていると考えたのか，カードの内容的にも，Q1・A1からもわからない。しかし，彼らはこのビッグピクチャーをつくりながら，Q1について適切な，生徒に言わせれば「多面的」なA1＝地域認識を述べている（図2-2）。カードのつながりが適切でないようにみえるにもかかわらず，なぜQ1に対するA1を導き出すことができたかを考えるときに，E班の一人がミステリーに取り組んで興味深く感じたこととして「全部のつながり。道路から山地，川，川から人口へとつながっているのが興味深いと思ったから。」と答えていることに注目したい。カードがすべて関連づくということを意識して取り組むことで，カードのつながりがうまく作れなくても，生徒の頭の中にはもっと有機的な別のビッグピクチャーが，おそらく学校と周辺地域をつなぐ空間認識やイメージが

つくられていったのだ。そして，A1 = 地域認識を踏まえた Q2 に対する A2 = 価値判断として「駅，交通の面が良くなるから」と答えたり，また授業後の振り返りとして示した複数の問い[6]のうちの一つ「西陵周辺の地域でどのようにしたら災害を逃れることが可能と考えるか」について「地盤を硬くする。地震で崩れないようにするため。」といった答え = 価値判断を示したりすることになる。

第4時ではこのミステリー実践を踏まえて，日本における開発に伴う災害と防災・減災の取り組みについて，教科書等を用いながら学習内容を整理した。

3-2. 改訂前『西陵ミステリー』に取り組み，西陵の立地について考える

前項「開発に伴う災害と防災・減災の取り組み」単元の後，「都市問題」単元において，グループ分けを変えずに改訂前『西陵ミステリー』に取り組ませた（表 3-2-2）。カードの例は図 3-2-3 に示す。

カードの枚数は 32 枚とほぼ倍増したが，一度ミステリーを経験したことと，同じ内容のカードが含まれていることもあって，ビッグピクチャーをつくるスピードは思いのほか速かった。

ここでは，前項と同じ E 班に着目してみよう（図 3-2-4）。

ビッグピクチャーを見ると，前回「開発に伴う災害と防災・減災の取り組み」でのミステリー経験を生かして，カードのつながりがより明確になったことが見てとれる。E 班は，今回も前回も中心となるカードを決めるという形を取っていて，前回は「ひより台とひより台大橋」を中心としていたが，今回は「西陵周辺の地形」を中心としており，そのカードから「鈎取開拓農場」「白沢カルデラでの超臨界地熱発電計画」「仙台市地下鉄東西線の開業」「仙台周辺の地質図」と四方に広がっていく形だ。

Q1「西陵はなぜ，ここに開校したか？」に対する A1 = 地域認識が非常に興味深い。「長町付近は工場があったため，作れず残った駅近がここだったと考えた」という表現には，情報カード 2：トーキンに加えて「開発に伴う災害と防災・減災の取り組み」単元の第 2 時で行った新旧地形図の比較の学習が反映されていると考えられる。また，Q2「西陵周辺の地域が持続可能であるためには，何が必要か？」に対する A2 で，「人口減少にならないように，自然を

第2章　暮らしやすい，暮らし続けられる地域について考える　　143

表 3-2-2　改訂前『西陵ミステリー』カード一覧

ストーリー A：多賀神社のどんと祭
ストーリー B：ベーブ・ルースが来た　※8
ストーリー C：鈎取開拓農場
1：仙台市の人口推移（T9-H27）　※11
2：トーキン
3：仙台市地下鉄東西線の開業
4：あすと長町
5：tbc 東北放送
6：宮城県農業短期大学　御堂平農場図（S42）※1
7：亜炭を運ぶトロッコ
8：仙台周辺の地質図
9：霊屋下セコイヤ類化石林
10：秋保馬車鉄道
11：御堂平遺跡
12：鈎取宿
13：松川だるま
14：西陵周辺の地形
15：白沢カルデラでの超臨界地熱発電計画
16：国道経路変更　※2
17：三神峯公園
18：笊川　※3
19："杜の都"の由来
20：仙台市の人口ピラミッドの推移
21：太白区常住人口（2015，1/4 地域メッシュ）
22：仙台城下
23：山田の昔話
24：鈎取の昔話
25：仙台の水道
26：大年寺山
27：広瀬川の渇水の影響
28：コレラの大流行
29：八木山治山ガーデン　※4

※記号・番号：開発と災害ミステリーでの記号・番号

ストーリー＜A＞　多賀神社のどんと祭

西陵の1年生，サヤコとユキノは，同級生のワカバに連れられて，学校の帰り，多賀神社のどんと祭に来た。

自転車で坂を下り，R286を渡って，木流堀を越えてさらに下ると，手に手に正月飾りを持った人たちが歩いていくのが見えた。その人たちについていくと，夕闇の向こうに石の鳥居が見えてきた。

石の鳥居の向こうには，コロナ禍でも出店が並び，小学生たちが群がっている。松川だるまの出店も出ている。石段の上の本宮に向かって並ぶ人たちの右手には，燃え盛る御神火が見える。一緒に並んで石段を上ると，消防団の人たちが正月飾りを受け取り，御神火に静かに投げ込んでいた。この火に当たると，厄祓いになるそうだ。

1　仙台市の人口推移（大正9～平成27年）

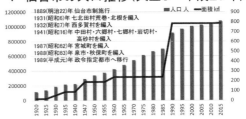

14　西陵周辺の地形

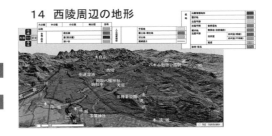

23　山田の昔話

サヤコは，冬休みに山田の親戚の家に遊びに行った。この辺りはまだ田んぼも残っていて，90を過ぎた大叔母が昔の話をしてくれた。

…この家，建て直す前はカヤ葺きでや。御堂平のあたりからカヤ切ってきて，ご近所さんに助けてもらって葺き替えったんだ。田んぼはもう，農協さ頼んでっけど，うちらが子どもの頃はよく手伝わさったっちゃ。春になると，街道溜池の水引いて，みんなで田植えしたっけね。田植えの後の"さなぶり"でごっつぉ（ごちそう）食うの楽しみでよ。

たまによ，稲がおがって刈り取りっつう前に台風が来て，あたりが洪水さなって。戦後すぐのアイオン台風とかよ。んで，新笊川の放水路できたんだ。昭和53年だったかな。名取川にすぐ流せるようにね。

冬は，すっことねえんで，"山切り"で薪拾いしたり，紙漉山で椿とか三俣とかの皮はいで，柳生の紙漉きさんとこさ持ってったっけね。いい小遣い稼ぎだったっちゃ。

図 3-2-3　改訂前『西陵ミステリー』カードの例

（筆者作成）

144　第 3 部　地理システムアプローチでありたい社会はどのように考えられるか

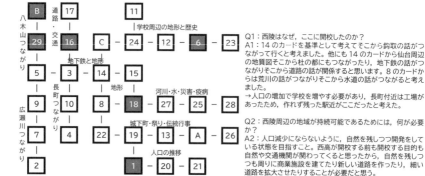

図 3-2-4　改訂前『西陵ミステリー』における E 班のビッグピクチャーと問いに対する答え
（生徒が作成したものを筆者が再構成．カードのつながりの解説は筆者による）

残しつつ開発をしている状態を目指すこと」とあるが，この E 班の生徒の一人は，前回の Q2「西陵周辺の地域でよりよく暮らすためには，どのような開発が望ましいか」に対する A2：価値判断において「開発をしすぎない。自然を失いすぎないように，開発しすぎないようにした方が良いと思ったから。」と答えている。つまり，カードの枚数や内容が変わっても，Q2 の方向性が変わらなければ，導き出される A2 ＝価値判断の方向性も大きく変わらないということだろう。さらにいえば，他の班員は Q2 に対する A2 として近隣に「観光施設」の建設を求め，あるいは「街の発展」を望んでいる。そのような複数の意見を合わせた A2 が，「開発をし過ぎない」であるともいえよう。一方で，対象地域への理解は，カードの内容理解や既習事項の定着にある程度左右されるということになろう。

4. 学習手法ミステリーに取り組む意義

　教材となるカードに単元の学習に必要な情報を組み込むことができる学習手法ミステリーには，その単元を苦手としたり，あるいは初めて学ぶ事項があったりする生徒にとっても取り組みやすく，またその情報を使って思考・判断・行動できるというメリットがある。また，グループワークで物理的にカードを

第 2 章　暮らしやすい，暮らし続けられる地域について考える　　145

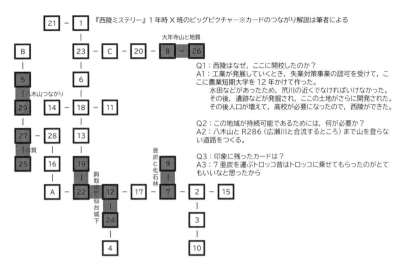

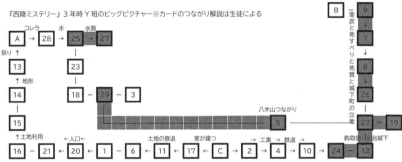

図 3-2-5　旧課程地理 A における改訂前『西陵ミステリー』のビッグピクチャーと問い
　　　　　に対する答えの変化

注）網掛けの部分は変化しなかったカードのつながり。
（同一生徒が作成したものを筆者が再構成）

関連づけることで，他者の思考を取り入れながら思考を深めることができ，また他の班の答えを共有することで，答えは決まった一つではなく，異なる事実認識と価値判断が生まれることに気づける。つまり，現実の社会において当然起こりうることを，学習手法ミステリーを通じて体験できるということだ。

　また，同じミステリー教材について時間を空けて再び体験することで，事実認識や価値判断が変化することもみえてきた。1年時に旧課程「地理 A」で，3年時に旧課程「地理 B」で『西陵ミステリー』に取り組んだある生徒の班がつくったビッグピクチャーとその生徒の答えおよびカードのつながりのメモを比較したのが図 2-5 である。

　1年時の地域調査の単元では Q2 に対して非現実的な答えを述べていたが，3年時の衣食住の単元ではこれまでの学びを生かしたと感じられるカードのつながりをつくり，カード間のつながりの解説もつけ，西陵周辺で「住」まう―暮らすについて考えるために必要とされる新たなカードについても具体的に提案することができた。『西陵ミステリー：開発と災害』ストーリーカード A や情報カード 14（図 3-2-1・表 3-2-1）は，このような提案を取り入れて作成したものである。このように教員が生徒とやり取りをしながら，ともに学習テーマについて，ここでは「暮らしやすい，暮らし続けられる地域」について考え続けることができるのが，学習手法ミステリーを用いる最大の意義ではないかと感じている。

〈読者へのメッセージ〉
　これまで筆者が，地域調査の単元や身近な地域のフィールドワークにこだわって取り組んできたのは，小さい範囲であっても，地理の授業において一緒に歩いて観察することのできる地域をもつことが，生徒が実感をもてる地域像，世界像の形成につながると感じたからだ。沖積低地上で東日本大震災に遭った筆者は，その豆腐の上のような揺れと液状化を，生徒とのフィールドワーク時に説明したように体感した。さらに津波被災地の生徒たちとその後の暮らしや産業の復興を見届けながら，望む地域像を一緒に考えてきた。その中で手にしたのが学習手法ミステリーである。うちの学校の周りは何もないとフィールド

第 2 章　暮らしやすい，暮らし続けられる地域について考える　147

ワークを尻込みする地理の先生方に，何もない地域などないから，まず生徒と一緒に歩いてみようと繰り返し伝えてきたことを，形にできると感じたのだ。ぜひ，生徒たちと一緒に，学校周辺を観察し，学校の半径数kmの地理的事象や言い伝え，また学校の歴史などを 10 枚程度のカードにすることから始めてみてほしい。そしてそれらを関連づけてみることで，きっと新しい景色を生徒とともに視ることができるはずだ。そして，住民として暮らしやすい，暮らし続けられる地域について，自らの価値判断をもって考える生徒が育つはずだ。

注

1) 学習手法ミステリーの成り立ちについては山本 (2021)，志村 (2023) を参照。
2) Leat (1998, 1999) および志村 (2023) を参照。
3) 志村 (2023) によれば，以下の通りである。
　　1. 生徒の関心をひく身近な現実をできるだけ題材とする。
　　2. 特徴ある人物を登場させ，人々 (社会) と環境との関係へ焦点を当てる。
　　3. 状況理解と複雑性回避のため，カード枚数は 15-30 枚が適切である。
　　4. 内容類型別のカード枚数は次を目安とする。
　　　①登場人物の経歴に関する情報：2-6 枚
　　　②舞台となる場所の時間・空間的文脈に関する情報：2-6 枚
　　　③出来事の背景・素因に関する情報：4-8 枚
　　　④出来事の誘因に関する情報：3-6 枚
　　　⑤使用の適否判断も必要な曖昧な情報：3-6 枚
　　5. 生徒が「何を理解・何をできるようになって欲しいか」からデザインすること。
4) 国立環境研究所 A-PLAT 気候変動適応のミステリー，未来のための ESD デザイン研究所 (高橋敬子) の各ホームページを参照。高橋は福井県，岡山県での気候変動ミステリー教材開発にも関わっている。
5) 文部科学省 (2018, pp. 85-88) を参照。
6) 振り返りとして，Google Forms で問うものとしては以下の通り。
　　・西陵周辺の地域でよりよく暮らすためには，どのような開発が望ましいか
　　・西陵周辺の地域でどのようにしたら災害を逃れることが可能か
　　・地域開発にあたるときにどのようなことに配慮しなければならないか
　　・西陵周辺の地域に暮らすために大切なことはどのようなことか

引用文献および教材開発のための参考文献

志村喬 (2023)「国際展開した思考力育成教授手法・教材「ミステリー (Mystery)」のイギリス教員養成課程における開発と特質―地理・社会科教育での思

考力育成，教材開発，学習評価─」上越教育大学『上越教育大学教職大学院研究紀要』10，pp. 217-228.

高橋敬子・ホフマン，トーマス（2019）「システム思考コンピテンシーをどのようにして強化するのか？─日本の気候変動教育における学習手法「ミステリー」の可能性─」日本環境教育学会『環境教育』29.2，pp. 14-23.

文部科学省（2018）『高等学校学習指導要領（平成30年告示）解説　地理歴史編』.

山内洋美（2021）「ミステリー「黒い津波とリアス海岸」による自然環境と防災の授業」地理教育システムアプローチ研究会編『システム思考で地理を学ぶ─持続可能な社会づくりのための授業プラン』古今書院，pp. 85-93.

山本隆太（2021）「地理教育手法の国際的な伝播─イギリス発オランダ／ドイツ経由の「ミステリー」─」志村喬編『社会科教育へのケイパビリティ・アプローチ』風間書房，pp. 183-201.

Leat, D. (1998). *Thinking Through Geography*. Chris Kingston Publishing.

Leat, D. (1999). *Mysteries Make You Think*. Geographical Association.

Mueller-Hoffmann, S. (2018). *Mysterys Erdkundeunterricht 5-10*. Auer Verlag.

Schuler, S. et al. (2012). *Praxis Geographie extra Mystery Geographische Fallbeispiele entschlüsseln*. Westermann.

参照 URL

「国立環境研究所 A-PLAT 気候変動適応のミステリー」https://adaptation-platform.nies.go.jp/everyone/study/mystery/index.html（最終閲覧日2024年5月6日）

「未来のための ESD デザイン研究所（高橋敬子）」https://www.esd4future.com/（最終閲覧日2024年5月6日）

「福井県気候変動教育プログラム事業」https://www.pref.fukui.lg.jp/doc/kankyou/ee/kikouhendou-kyouiku-program.html（最終閲覧日2024年5月6日）

「解き明かそう！岡山県版気候変動のミステリー！」https://www.pref.okayama.jp/page/905126.html　（最終閲覧日2024年5月6日）

第3章

システム思考に基づいて協働的に進める
多文化共生社会デザイン
── 高校生と留学生の共同授業の試み ──

中村　理恵

■ 1. はじめに

　地域に居住する多文化共生社会づくりは，日本全体としても地域社会にあっても現在重要なテーマである。2023年6月末日現在，日本の在留外国人数は322万3,858人となっており，47都道府県すべてにわたってその居住が見られる。国は2020年9月に『地域における多文化共生推進プラン』(総務省，2020)を改訂した。その中で，多文化共生とは「国籍等の異なる人々が，互いの文化的差異を認め合い，対等な関係を築こうとしながら，地域社会の構成員として共に生きていくこと」(総務省，2006，p. 5)と定義されている。また，その中で，多様性と包摂性のある社会の実現による「新たな日常」の構築や，外国人住民が地域社会の一員であること，その上で互いの交流やつながり，助け合いを充実するための環境を整備し，多様性と包摂性のある社会の実現を図ること，さらには地域社会への住民の積極的な参画と主体的な地域社会への参画を推進することなどがうたわれている。

　このような状況を踏まえ，本稿では，勤務校における「総合的な探究の時間」の中で外国籍住民との多文化共生社会づくりに関心をもつ高校生が，地域の日本語学校を訪れ，日本語学校の学生(留学生と後述)と，システム思考に基づいて多文化共生社会をデザインするという枠組みで共同授業を行った実践を紹介したい。具体的には，「外国から来た人も困らない地域社会づくり」という高校生が考える望む未来社会をつくるために，留学生から生活で困っていることを聞き出し，その上で，その困っていることが困らないですむようになるため

150 第3部 地理システムアプローチでありたい社会はどのように考えられるか

のアイデアを留学生と「協働」して出し合い，それをシステム思考に基づいたフロー図を作成しながら視覚化して共有を図る取り組み，つまり社会変革の構想を協働して行ったものである。ただし，多文化共生社会とは上述したように，異なる文化的背景を有する他者という広い範囲の人々を対象としているが，今回は，調査の限界性などから，以下のように限定しての試みであることを申し述べておきたい。

■ 2. 授業デザインのポイント・視点

2-1. システム思考の枠組みと地域・社会の課題解決を目指す学習

　システム思考におけるフロー図，ループ図，関係構造図のような思考ツールは，「地球レベルの課題や地域スケールの課題を持続可能な解決（諸問題の同時解決）へと向かわせるために，課題の複雑なシステムにおける「関係」（つながり）と「構造」を可視化し，それを他者と共有しながら将来を「予測」し，解決に向けた突破口である「解決点」（介入点）を見つけるためのツールともいえる」（山本，2021，p. 2）。これはシステム思考の枠組みを活用した課題解決的な学習であるといえる。

　2023年6月に本研究会が主催したドイツのトーマス・ホフマン氏を講師とする「SDGs教育をすすめるための『システム思考10ステップ』ワークショップ」において，韓国・カトリック関東大学校のジョン・ボエ氏の実践事例に触れながら，課題解決の方策をチームでアイデアを出し合い，そのアイデアを社会実装したらどんな変化が生じるか，という考察を進めながらシステムループ図を作成する，という取り組みを行っていた。筆者は，この過程をとおして，課題解決を目指して社会を変革させていくアイデアを作り出していく取り組みが，システム思考の上にたって行われる有用性を実感した。そしてまた，地理学習においても，このように，地域における課題を見つめ，その課題を解決するための方策を考える上で，システム思考を基盤として意識して活用していくことの有用性を感じた。

　社会はさまざまな要素の相互依存関係で成り立っている。このことは疑う余

地のないものであり，これはシステム思考の基本的な考え方の一つである。そして，その社会にある課題を解決するための方策を考え実装する時，実装によって構造の要素を一つ変化させたら，その要素によって別の要素が変化するという新たな動きが生まれ，そこから新たな影響が生じてくると考えられる。この方策および実装による影響は，システム思考によるフロー図やループ図の作成によって予測の段階で可視化できる。チームで課題解決を企図していく際には，その可視化によって思考過程の全体像をチームで共有でき，課題解決へのアプローチが容易になることにつながると考える。これを仮説とし，その有用性を試すことが今回の授業実践の目的の一つである。

2-2. システム思考に基づいた多文化共生社会のデザイン

実践を行った勤務校では，2023年度，「総合的な探究の時間」における探究学習において，外国籍住民との多文化共生社会づくりについて探究している学習班（高校1年）の高校生が，外国籍住民に対して「外国から来た人も困らない社会をつくる」ために，まず「彼らが困っていることは何か」という課題を探るきっかけを模索していた。その上で高校生は，その課題を解決するための方策を探り，方策を提案してプロトタイプ（試作）を構築して社会実装をしていくところまでを探究学習の最終目標としていた。

筆者は，この探究学習の流れを高校生が構築する際，要素を挙げ，その関連を考察し，そこにある課題を見出し，解決策の導出とその変化を予測していくシステム思考を基盤として，課題解決に向けた思考の過程を外国籍住民とともに考えて可視化し，自らがワークショップで行ったような取り組みを実践できたら有効ではないかと考え，彼らと留学生との共同授業の実践を相談し企図，行うこととした。

2-3. 対話を通して「協働」的に課題解決策を構想する

本実践のもう一つの枠組みは，デザインを企図する高校生と，課題を内在する対象者である留学生が「協働」して課題解決の方策を構想することである。

先に示した総務省（2020）でも，持続可能な地域づくりを推進するため，外

国人住民と連携・協働を図ることが必要であると述べている。また，ブラウン(2019) は，従来，対象者 (著書中は消費者) は分析の対象者であったが，これからは課題を解決するためのチームとして，企画担当者と対象者がより密接なコラボレーションを築いていくべきであるという趣旨の指摘を行っている (p. 74)。また，これからは「デザイナーが対象者とともに創る，また対象者自身が創るデザイン・モデル」(p. 75) の重要性と価値を指摘している。

　佐藤真久も本書の中で，課題解決のために「デザイン思考」をもとにした現場における他者との協働による具体的な取り組みを求めており，他者との共感や潜在的ニーズの把握，アイデアの創出，試作，実践に基づくフィードバックが求められている，と述べている。今回の高校生と留学生の共同授業は，企画担当者の高校生と対象者の留学生による「協働」での取り組みとして報告する。

3. 共同授業の事前準備と実践

3-1. 共同授業の準備

　本実践の枠組みは，高校「地理総合」における「持続可能な地域づくりと私たち―生活圏の調査と地域の展望」の単元としても位置づけられるであろう。

　対象は群馬県 A 市にある日本語学校の A 校の留学生とし，日本語学校への連絡と共同授業の依頼は，筆者と生徒とが合同で行った。共同授業前に行った事前訪問では，ボランティアで参加することとなった留学生の出身国や来日時期や日本語の学習段階等の聞き取りを行った。この学校は大学や専門学校への留学を希望する進学コースのみからなる学校で，主に中国やインドネシアなど，アジア各国の学生が多く，日本語の学習段階は中級程度ということであった。

3-2. 共同授業の教材作成
①思考を促すためのカードの作成について

　留学生に「困っていること」を高校生が聞き出すサポートをするツールとして，困っていることを引き出すための用語を選定してカードを作成した。用語の選定は，独立行政法人国際交流基金 (2015) の『まるごと日本のことばと文

第 3 章　システム思考に基づいて協働的に進める多文化共生社会デザイン　153

化』の目次をもとに，留学生の基本的な生活の流れを想定して行った。そして，A 基本的な生活，B 仕事関係，C 地域生活と家族という類型を立て，27 の用語を取り出してカードを作成した。生徒は選定した用語のすべてにイラストをつけて留学生がわかりやすくなるように工夫してカードを作成した。イラスト入りのカードはここでは割愛する。選定した用語は表 3-3-1 のとおりである。

表 3-3-1　選定した用語（留学生が困っていることを理解する補助として）

用語の類型	用語（番号は整理しやすいよう便宜的に付加）
A　基本的な生活	1 買い物　2 道を聞く　3 レストラン　4 病院　5 勉強　6 学校　7 友だち　8 電車　9 移動　10 アパート　11 電話
B　仕事関係	12 バイト先　13 同僚（同じところで働く人）　14 つきあい　15 上司　16 仕事の内容　17 仕事の見つけ方　18 情報　19 将来　20 お金
C　地域生活と家族	21 近所　22 あいさつ　23 ゴミ出し　24 町内会　25 余暇の時間　26 人とのつながり　27 家族

（筆者作成）

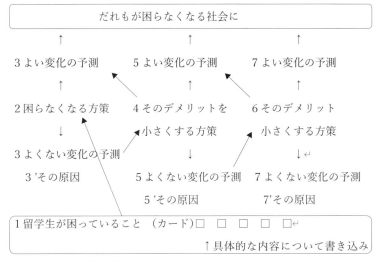

図 3-3-1　共同授業で作成したフロー図の構想

（筆者作成）

154　第3部　地理システムアプローチでありたい社会はどのように考えられるか

②「協働」で作成するフロー図の構想

　高校生と留学生が「協働」で作成するフロー図の構想は，図3-3-1のとおりである。実際には構想したとおりにはいかないことは想定できたが，このような流れで行おうという生徒との了解のもと，共同授業に臨むこととした。当日は，作成する図の概要を高校生と留学生が事前に共有することで，高校生が留学生とともに指導者の指示がなくても図を作成することを目指した。

3-3. 共同授業の進行記録

　共同授業は45分の授業を2コマ行った。まず，高校生と留学生がともに2つのグループに分かれて着席し，開始式を行った。

　最初に本日の共同授業に参加してくれたお礼とともに，共同授業をとおして「ともにこの地域で生活をするのに誰も困らない社会をつくりたいと考える高校生が，皆さんが何かに困っているならそれを知って，困らないようにする解決策を一緒に考えたい。」という共同授業の趣旨説明をできるだけ「やさしい日本語」を意識して行った。その後グループごとに自己紹介した。これは高校生にとって，留学生がどのくらい日本語が話せるか，また文字表現できるかの理解の一助となったと考える。この理解は，自分たちが「協働」作業でどのような速さや語彙などで説明していく必要があるかについて考える材料となり大切であると考える。以下，表3-3-2のような流れで共同授業を行った。

3-4. 共同授業で高校生と留学生が「協働」して作成したフロー図

　共同授業によって実際に作成したフロー図を図3-3-2（A班）と図3-3-3（B班）に示した。そして，高校生が留学生からカードをもとに聞き出して理解した困っていることをまとめ（展開①），それらをどのようにしたら困らなくなるかについて，高校生と留学生とがともに考える取り組み（展開②）の内容を紹介する。

　A班は，留学生3名（インドネシア2名・中国1名）と高校生3名の班である。まず，展開①では，図3-3-2にまとめたように，言葉の違いからなかなか「友だち」ができないこと，「電車」のしくみや乗り方が難しいこと，「アパート」の部屋探しや借りるのが大変であること，また現在のアパートで隣人の騒音に

第3章　システム思考に基づいて協働的に進める多文化共生社会デザイン　155

表 3-3-2　共同授業の進行記録

時間	指導者の働きかけ	高校生の活動	留学生の活動
開会式 5分	趣旨説明，自己紹介を促した。	自己紹介	自己紹介
展開① 困っていることの整理 30分	生活をしていて，困っていることは何かあるか。カードを高校生が示すので，それにとても困っていたら3，困っていたら2，少し困っているが，問題はなかったら1，困っていないは0と教えてほしい旨話した。	カードを見せて，留学生の解答を紙に数字で書き出す。1人でも2以上の数字があったカードについて手元に残しておく。カードの提示は1から順に，A→Cの順に行った。	提示されたカードの説明を聞きながら，その内容は自分が困っていることにあたるかどうかを判断して，高校生に数字で知らせた。
休憩 10分	休憩	留学生と会話	高校生と会話
展開② 解決のためのフロー図作成 30分	フロー図作成の次の手順を伝えた。困っていることを解決するために私たちができる策を紙に書き出すこと。その策を実行したら，どんな変化が予測されるか，解決に向かういい予測と悪い事態の予測を書き出すこと。悪い事態の予測については，少しでもデメリットを解消できる策を新たに考えて書き出すこと。	高校生は，留学生が困っているカードを模造紙に張り出し，その一つ一つを解消するための解決策について，ともに案を練り，出てきた案を紙に書き出した。授業観察者（研究会から2名）や指導者も時折話し合いが活発になるように支援に入った。	留学生も，高校生と一緒に，自分たちが困っていることが，どうしたら解決するかを考えて，その考えを高校生に伝えた。
まとめ 10分	まとめとして，この取り組みを行って感じたことをお互いに伝えあってほしいことを指示した。	高校生は留学生に自分の感想を伝え，それを紙に書き残した。	留学生は高校生に自分の感想を伝えた。
自由交流 5分	補足する自由交流があったらしてほしい。本日の共同の取り組みに感謝した。	高校生は，さらに聞きたいことを聞くなど，留学生と会話した。	留学生は高校生の質問に丁寧に答えてくれていた。

（筆者作成）

困っていることが出てきた。さらに，「仕事関係」では，「仕事の内容」を覚えるのにいろいろ気をつかうこと，さらには「地域生活と家族」について，「余暇の時間」に，友だちが少なくてさびしいことに困っていることがわかった。

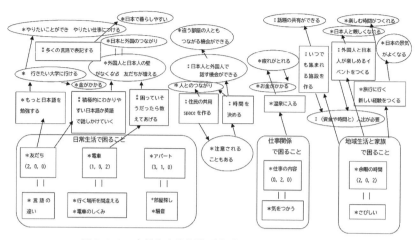

図3-3-2 高校生と留学生が作成したフロー図（A班）

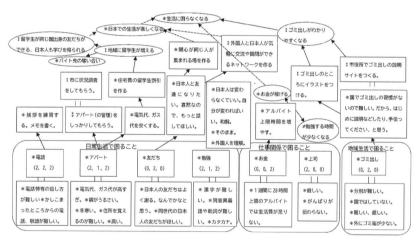

図3-3-3 高校生と留学生が作成したフロー図（B班）

注）図中の＊は留学生，*は高校生から出た意見，矢印は共同授業で結ばれた線を示す。また，・や破線矢印は指導者が補足した内容を表す。また，図中の下方にある数字は，回答者の困っているレベルを表現した数字である。グループ内で1人でも2以上の数字を示したカードをここに挙げた。

展開②では，図 3-3-2 図中＊で示した留学生からは，「もっと日本語を勉強する」，「温泉に行く」ことでストレスを減らす，「旅行に行く」，「新しい経験をする」という，自分が変わることで困っていることを解消するアイデアが出

された。そのほか,「一緒に楽しめるイベントをつくる」という社会変容を主体的におこそうとする意見も出された。

図3-3-2中に＊で示した高校生からは,「積極的にわかりやすい日本語か英語で話しかけていく」や,「困っていそうだったら教えてあげる」「いつでも集まれる施設をつくる」など自分たちができる方策のアイデアが出された。

一方,B班は,留学生3名(中国1名・モンゴル1名・ブラジル1名)と高校生3名の班である。展開①では,留学生からは,「電話」特有の話し方や敬語が難しいこと,「アパート」については,電気代やガス代が高いこと・隣がうるさいこと,そして,「友だち」については,同世代の日本人の友だちがいなくさびしいこと,「勉強」については,漢字や助詞,カタカナが難しいことなどが挙がった。「仕事関係」では,「お金」について,生活のためにもっとアルバイトをしたいが,上限の規制があってできないこと,そして「上司」に自分のがんばりが伝わらないことがあがった。さらに,「地域生活と家族」では,「ゴミ出し」において母国と異なって分別が難しく厳しいことがあがった。

展開②では,図3-3-3中に＊で示した留学生からは,A班と同様に,「挨拶を練習する」,「メモを書く」や「日本人は変わらなくていい。自分が変わればいい」というように,自分たちが変わることで困ったことを解消しようとするアイデアがあげられた。そのほか,日本社会の変化を希望するアイデアも出された。「電気代,ガス代を安くする」や,「友だちになりたいので,もっと話してほしい」,「アルバイト上限時間を増やす」,「ゴミ出しの仕方など,はじめに説明したり,教えてほしい」といった意見がそれにあたろう。

図3-3-3中に＊で示した高校生からは,留学生のアイデアを受けるように,「ゴミ出しのところにイラストをつける」や「市役所でゴミ出しの説明サイトをつくる」など,やはり自分たちができる方策のアイデアが挙がった。また,「外国人と日本人が気軽に交流や質問ができるネットワークをつくる」という政策や制度に関わる意見が出された。

3-5. 生徒たちは何を学んだか:事後アンケートより

授業後のアンケートでは,主に①留学生から困ったことを聞き出した内容に

ついて，②困っていることを解決する案を紙に書き出しながら共同で作成した
ことについて，③今回の共同授業のほか，休憩などで交流をしたり，独自の質
問をして得られたことについて，④これから，「多文化共生社会づくり」につ
いて，どんなことを実際に取り組んで，「社会変容」に向かっていったらよい
と考えるかなど，幅広く質問し，得た知見や感想に関する回答を得た。班毎の
フロー図作成との関係から回答をいくつか抜粋・紹介する。

　A班のフロー図作成では，個人の意識や関わり方によって社会変容を目指
す内容が記述されていたが，アンケートでは，「（授業）前は，環境の整備をす
ることが最も重要だと思っていたけれど，意外と環境は整っているのだなと思
い，それ以外の言語の壁などのソフト面の整備が重要なのだと思った」など，
個人の意識や関わり方の変容に着目した理由にふれた回答もみられた。

　B班のフロー図作成では，政策や制度面での社会デザインを考える内容が記
述されていたが，「市や県，国に頼まなければいけないことが多い印象だった」
や「多文化交流イベントを学校が主体となって行っていく。市や県が行ってい
ても一般の人はそもそも存在にも気づきにくいと思うし，参加するにも心構え
てしまうかもしれない。その点学校で行えば，その学生の数だけ宣伝する人が
できるし，文化祭のような感じで行けるから参加もしやすいと思う」といった
具体的なアイデアを提案する回答もみられた。

　また，「想像していたよりもそれほど困っていることが少なかった」「予想し
ていたのと違うような答えがかえってきた」などの回答も得られた。生徒たちに，
なぜそう思ったのかを追究させることで，多文化共生社会実現のための課題と
なるバイアスやメンタルモデルにも気づくことができるのではないかと考える。

■ 4. 本実践の意義や今後の課題等

　ブラウン（2019）では，デザイン思考を行う際に必要な3つの理解を示して
いる（pp. 66-71）。それは，その対象がおかれている物理的な環境を理解すると
いう機能的理解，そして，対象が状況をどう理解しているかという認知的理解，
そして対象が状況をどう感じているかを理解する感情的理解である。

高校生の中には，共同授業後のアンケートで，「共同授業をする前と後では，自分の考えが少し変わったし，想像していたことと違っていたりしていたので，行ってみてよかったと思った」と表したり，「困っている外国人を見かけたら自分から積極的に話しかけて助けられたらなと思った」と表した生徒がいた。前者は，留学生が生活や困っていることをどうとらえているかを知るという「認知的理解」にあたり，後者は留学生の感情に寄り添う「感情的理解」にあたろう。このように，当事者と一緒に活動する共同参画型の授業は，社会変容を企図する取り組みに欠かせない3つの理解を促す一定の効果があると考えられる。

ただし，彼らが本当に何に困っているかを理解する真の「認知的理解」や，彼らのおかれた物理的環境や立場を，母国とのつながりを含めて理解する「機能的理解」については，このようにフォーマルな限られた時間で行う授業という枠組みでは限界があると考えられる。それは今回観察された以下のような場面からも想起される。共同授業が終わってからの雑談の中で，高校生が留学生に「そのほか宗教上のことなどで，何か困っていることはありますか。」という質問をしていた時のことである。その中で，留学生の一人が，「自分はイスラム教徒なので，お祈りをバイト先でしたいが，その場所がなかなかないので困っている。バイト先の上司にはそのことを話しづらい。」という意見を述べた。この意見は，留学生が本当に困っていることにあたろう。授業で選定したカードの「バイト先」という部分で，留学生がそのような内容を答えてもよかったのであろうが，その時には留学生はそのことを発言しなかった。あとで聞いてみると，宗教のことは高校生は知らないかもしれないので，話していいのか躊躇していたとのことであった。共同授業後に高校生が質問したことで留学生から得られた貴重な情報であった。

社会の中での少数者にあたる日本社会における留学生，といういわゆる日本人とは異なる文化的背景を有する人々が，日本でともに困ることなく暮らしていける社会は，一つの多文化共生社会の望む姿といえよう。彼らは，いろいろな思いや背景をもちながら，訪日し，現在進学を目指して日本語学校で学んでいる。彼らについて，先に述べた対象者に対する3つの理解を視点にもって理解することは，多文化共生社会づくりを行う上で，またデザイン思考における

さまざまな取り組みを進める上で，大切ではないかと考える。

　以上のことから，今回のようにシステム思考に基づいて協働的に多文化共生社会デザインを行うことは，多文化共生社会づくりを進める上での有効な手法の一つになり得ると考える。また，それだけではなく，生活圏に存在する課題を解決していく方策として，社会変容を企図する学習者が，課題を内在する対象者と共同で取り組んで，社会変容を促すさまざまな取り組みを実践していくきっかけのヒントをここで得ていただけたら幸いである。そうして，学習者の誰もが，よりよい地域社会の変容を促し，実現を推進させていく主体となっていくことを願って，筆者も取り組みを発展させていきたい。

〈読者へのメッセージ〉

　今回の共同授業によって，学習者が課題を解決するデザインをするために必要な対象者に対する理解のうち，「対象者に対する共感的理解」が図れる契機が得られたと感じている。その際，システム思考のツールを用いて，対象者とともに思考を視覚化しながら作業を行うことで，思考が整理され，課題への有効な解決策が生み出されることが促される可能性を感じることができた。多文化共生社会づくりにはこの共感的理解と「協働」が大切と感じる。拙い実践ではあるが，各地での実践が進む契機となったら幸いである。

引用文献および教材開発のための参考文献

総務省（2006）「多文化共生の推進に関する研究会報告書」https://www.soumu.go.jp/kokusai/pdf/sonota_b5.pdf（最終閲覧日 2024 年 12 月 19 日）

総務省（2020）『地域における多文化共生推進プラン（改訂）』https://www.soumu.go.jp/main_content/000706218.pdf（最終閲覧日 2024 年 9 月 29 日）

独立行政法人国際交流基金編著（2015）『まるごと日本のことばと文化　初中級』三修社．

ブラウン，T. 著，千葉敏生訳（2019）『デザイン思考が世界を変える（アップデート版）—イノベーションを導く新しい考え方—』早川書房．

山本隆太（2021）「本書で登場する思考ツールについて」地理教育システムアプローチ研究会編『システム思考で地理を学ぶ—持続可能な社会づくりのための授業プラン—』古今書院，pp. 1-6.

第4部

地理や社会科における社会問題の扱いとシステムアプローチとの関係をさらに考究する

第1章

日本の中等地理教育における地球的課題に関する学習指導の特徴と課題
── 2002年以降を対象としたシステマティックレビュー ──

阪上弘彬・宮﨑沙織・山本隆太

1. はじめに

1-1. 地球的課題と中等地理教育

　地球的課題（global issues）は，「一地域・国の課題ではなく，地球規模もしくは国際社会全体に関わる諸課題」（外務省，2014）であり，気候変動をはじめ具体的な課題は枚挙にいとまがない。地球的課題に対する対処の必要性は，環境（教育），開発（教育）などの領域から1970年代頃から指摘され始め，2002年の持続可能な開発のための教育（ESD）および2010年代半ばにおける持続可能な開発目標（SDGs）においても引き続きその対処が強調される。しかしながら，1970年代と2020年代の現在では，地球的課題のとらえ方に変化が生じている（図4-1-1）。1970年代では地球的課題はそれぞれが独立して表出・発生したものであったのに対して，現在では課題同士が結びつく，換言すれば，ある課題が別の新たな課題を引き起こす「原因―結果」関係にあり，また各々の課題が複雑

図4-1-1　地球的課題のとらえ方の変化

（筆者作成）

第1章　日本の中等地理教育における地球的課題に関する学習指導の特徴と課題　　163

表 4-1-1　学習指導要領の中高地理における地球的課題の扱い

	1998・1999 年告示	2008・2009 年告示	2017・2018 年告示
中学校	記述なし（ただし公民的分野で地球環境，資源・エネルギー問題を扱う）	日本の諸地域学習「環境問題・環境保全を中核とした考察」	世界の諸地域学習「地球的課題」
高校	地理 A・地理 B において「地球的課題」を主題とする内容 対象：環境，資源・エネルギー，人口，食料及び居住・都市問題	地理 A・地理 B において「地球的課題」を主題とする内容 対象：環境，資源・エネルギー，人口，食料及び居住・都市問題	地理総合・地理探究において「地球的課題」を主題とする内容 対象：地球環境，資源・エネルギー，人口・食料及び居住・都市問題
特徴	地球規模の課題	持続可能な社会の構築	持続可能な社会の創り手の育成

（各学習指導要領より筆者作成）

化しているというとらえ方に変化している。

　表 4-1-1 に示すように，中等地理教育の文脈で地球的課題は 1998・1999 年告示の学習指導要領から位置づけられた。1998 年・1999 年告示では，高等学校（以下，高校）地理歴史科地理科目のみであったが，以降の改訂（2008・2009 年，2017・2018 年告示）では中学校社会科地理的分野，高校地理歴史科地理科目のすべてで位置づけられた。とくに 2008・2009 年告示のものでは，「持続可能な社会」，「持続可能性」という用語が初めて登場，ESD に対する取組みが意識され（中山，2011），続く 2017・2018 年告示の学習指導要領総則の前文では，児童・生徒を持続可能な社会の創り手として育成することが掲げられた。このように地球的課題は，学習指導要領で持続可能な社会づくりおよびその創り手の育成にかかる重要な教育内容として位置づけられている。

1-2. 研究の意義・目的と研究上の問い

　前述から，地理教育で地球的課題の扱う機会は徐々に増加してきた。とりわけ，教育分野における 2002 年の地球的課題のとらえ方の変化の契機の一つである ESD の提唱および地球球的課題が登場した 1998・1999 年告示（2002・2003 年から実施）の学習指導要領を踏まえると，2002 年以降の研究を対象とすることで，中等地理教育における地球的課題の学習指導に関わる研究の特徴と

課題の解明ができ，また当該分野に関する今後の地理教育の理論的，実践的研究の進展に寄与できると考えられる。

そこで本研究は，システマティックレビュー（systematic review，以下 SR）の手法を採用し，次の研究上の問い（以下，RQ）のもとで日本の中等地理教育における地球的課題に関する学習指導の特徴と課題を解明する。

・RQ1：日本の中等地理教育における地球的課題の学習指導に関わる研究は，どのようなテーマのもとでなされてきたのか。
・RQ2：各研究テーマが成立したのはなぜか。
・RQ3：地球的課題の学習指導に関わる研究課題には何があるのか。

■ 2. 研究の方法・手続き

2-1. システマティックレビュー

SR は，伝統的な文献レビューよりも客観的であり，また関連するすべての研究を特定，評価，統合することで，バイアスを最小化に抑えることを明確な目的とする科学的方法に厳密に基づくものである（Petticrew and Roberts, 2006, p. 9）。SR のガイドラインはこれまでに数度改訂がなされ，執筆時点では Page et al.（2021）が示すものが最新であり，また上岡ほか（2021）によってその邦訳がなされている。

2-2. 文献検索および選定の手続き

(1) 文献検索—データベース検索

SR では主として，データベース（DB）を用いた文献検索が実施され，本レビューでは CiNii Research を使用した。RQ1 に基づき，著者 3 名で協議した結果，次の検索式，条件のもとで DB 検索を実施した。

・検索式：（中等 OR 中学校 OR 高校 OR 高等学校 OR 中高）AND（地理）AND（地球的課題 OR 地球的諸問題 OR 地域的課題 OR 地域的諸問題 OR 現代的課題 OR 現代的諸問題 OR 現代社会の諸課題）
・検索条件：発行年 2002 年以降

・検索実施日：2022 年 8 月 13 日

　以上の検索を経て，42 件を取得した。

(2) 文献検索―ハンドサーチ

　加えて，DB 検索による検索漏れを補うために，当該研究分野を扱った文献が掲載されていると想定される査読付き学術雑誌を対象に，ハンドサーチ (HS) を実施した。対象とした学術雑誌，検索条件は次の通りであった。

・学術雑誌：『社会科研究』(全国社会科教育学会)，『社会科教育研究』(日本社会科教育学会)，『社会系教科教育学研究』(社会系教科教育学会)，『中等社会科教育研究』(中等社会科教育学会)，『新地理』(日本地理教育学会)，『地理教育研究』(全国地理教育学会)，『地理学評論』，*E-journal GEO* (日本地理学会)，『人文地理』(人文地理学会)，『季刊地理学』(東北地理学会)，『地理科学』(地理科学学会)

・検索条件：発行年 2002 年以降

・検索実施日：2022 年 8 月 13 日以降適宜

　以上の検索から，49 件を取得した。

(3) 文献の選定手続き

　DB 検索および HS で収集した文献を，Page et al. (2021) が示すチャート図 (図 4-1-2) に基づいて選定し，重複した文献を除外して最終的に 54 件をレビュー対象文献とすることに決定した。

　なお 54 件のレビュー対象文献は紙幅の都合上、第一著者・阪上弘彬の researchmap における「資料公開」の「日本の中等地理教育における地球的課題に関する学習指導の特徴と課題―2002 年以降を対象としたシステマティックレビュー―の対象文献一覧」(https://researchmap.jp/multidatabases/multidatabase_contents/detail/251025/116965242bedc9fe241f9761c90e9280?frame_id=528886，本章末の QR コードからもアクセス可能) において公表することとした。

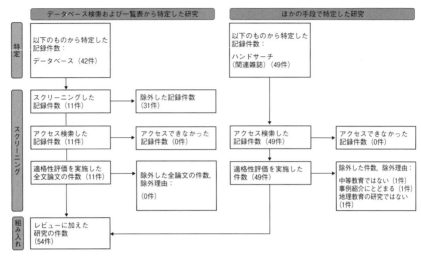

図 4-1-2　文献選定の過程

(Page et al., 2021 をもとに筆者作成)

2-3．レビュー対象文献に関する基礎情報

　ここでは，レビュー対象とした 54 件に関する基礎情報を説明する。

　54 件のうち，49 件は単著，5 件は連名 (2 名が 2 件，3 名が 2 件，6 名が 1 件) の研究であった。また著者の数は合計 66 名になり，著者の所属 (掲載当時) は，小学校教員 1 名，中学校教員 3 名，高校教員 12 名，中高教員 8 名，教育行政職 1 名，大学教員 33 名，大学職員 1 名，大学院生 7 名であった。なおすべての連名による研究は，大学教員と中学校，高校もしくは中高教員が共同で実施したものであった。

　次に研究対象の学校種は，多いものから順に高校 (32 件)，中・高校 (13 件)，中学校 (7 件)，小・中・高校 (2 件) であった。54 件の発行年 (図 4-1-3) は，2011 年が最も多く 8 件，次いで 2019 年が 7 件であった。また 54 件が収録された学術雑誌に着目すると，学会誌が 46 件，大学または附属学校の紀要が 8 件であった。雑誌別の件数の上位 3 雑誌は，『地理科学』(13 件)，『社会科教育研究』(8 件)，3 位は同数 (6 件) で 3 雑誌あり，『社会系教育学研究』，『新地理』，『地理教育研究』であった。なお，発行年と雑誌別の収録件数の関連をみると，

第1章　日本の中等地理教育における地球的課題に関する学習指導の特徴と課題　　167

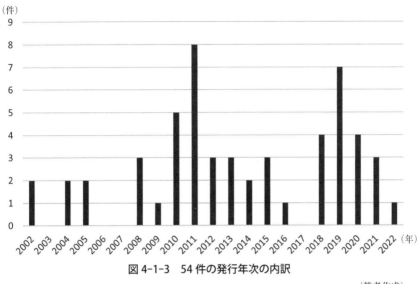

図 4-1-3　54件の発行年次の内訳

(筆者作成)

表 4-1-2　研究の種類・型

研究の種類・型	研究の特徴	総数
規範的・原理的研究	地球的課題の望ましい扱い方（べき論），学習指導方法論，地理目標論　など	16
開発的・実践的研究	地球的課題の扱いに関する地理授業開発，教材開発　など	20
開発的・実践的研究＋実証的・経験的研究	地球的課題の扱いに関する地理授業実践およびそれを踏まえた効果検証	15
実証的・経験的研究＋開発的・実践的研究	学習者の（学習状況等の）実態把握を踏まえた地理授業開発・実践	2
実証的・経験的研究＋規範的・原理的研究	学習者の実態，社会状況，他国の先進的な取組を踏まえた地理教育の改革案	1

(草原ほか，2015 をもとに筆者作成)

2011年は前年度に実施された学術大会シンポジウム報告を受けた成果が『地理科学』，『社会科教育研究』で掲載され，2019年の『地理科学』も2011年の時と同様の状況であった。

　最後に研究の種類・型は，社会科教育研究の種類・型の分類の際に用いられることが多い草原ほか (2015) による分類で整理した。整理の結果は，表 4-1-2

168　第4部　地理や社会科における社会問題の扱いとシステムアプローチとの関係をさらに考究する

に示すとおりである。開発的・実践的研究（20件）が最多で，次いで規範的・原理的研究（16件）であった。また開発的・実践的研究に関連した複合型の研究が合計で37件あり，地球的課題に関する学習指導の研究は，具体的な授業開発および実践が伴うものが大半を占めることがわかった。加えて，実証的研究・経験的研究は，他の研究の種類・型と結びつく複合型で実施されたが，これ単独で実施された研究はみられなかった。

表4-1-3　得られた研究テーマと54件の内訳

テーマ	サブテーマ	小計（該当論文）	総数
カリキュラム	・重層性・マルチな市民性	3〔竹内，2012，2014；吉田 2011〕	8
	・カリキュラムにおけるSDの受容過程	2〔志村，2008，2011〕	
	・カリキュラム試案・開発	3〔井田，2011；阪上，2012，2019〕	
問題解決	・地球的課題の探究能力	3〔和田，2008，2009，2010〕	8
	・問題解決能力	5〔熊野，2002，2004；平川ほか，2004；池下，2011；田中，2018〕	
社会参加・社会参画	・参加・参画方法	9〔永田，2008，2010a，2010b，2011，2012，2020，2022；伊藤，2002；井上，2018〕	15
	・当事者意識	6〔泉，2019a，2019b，2021；伊藤，2010，2011；川瀬，2020〕	
「人間－環境」システム	・ドイツの地理学の基本概念	2〔阪上，2015；山本，2015〕	3
	・地球科学的探究	1〔河合，2019〕	
複眼的思考	・多面的・多角的	6〔木場，2019；荒井，2014，2021；吉水，2005；平川ほか，2010；今野，2013〕	8
	・システム思考	2〔小河，2019；中村，2019〕	
学習内容	・地理学の五大テーマ	1〔本多，2005〕	11
	・防災	4〔吉水，2013；川野，2018；小山ほか，2020；番匠谷ほか，2020〕	
	・ESD/SDGs	6〔中村，2011，2016；和田，2011，2015，2018；西，2021〕	
教師教育		1〔伊藤・白山，2013〕	1

（筆者作成）

2-4. テーマの形成

　レビュー対象とした54件を，第1著者，第2著者が中心となり，RQ1を踏まえて改めて精読をした。その精読結果を踏まえて，第3著者がその結果を外部評価する形で，本研究に関わるテーマを著者全員で形成し，その結果は表4-1-3である。7つのテーマ（カリキュラム，問題解決，社会参加・社会参画，「人間－環境」システム，複眼的思考，学習内容，教師教育）が形成され，また6つのテーマについてはサブテーマも存在した。次ではテーマごとに，研究の概要・特徴について説明することで，RQ1に答える。なお，以降の節でレビュー対象文献として登場するものは，著者名〔発行年〕もしくは〔著者名，発行年〕という形式で表記する。

■ 3. 結　果

3-1. テーマ：カリキュラム

　地球的課題の学習指導に関わるカリキュラム研究には8件が含まれ，また3つのサブテーマ（重層性・マルチな市民性，カリキュラムにおけるSDの受容過程，カリキュラム試案・開発）が得られた。

　吉田〔2011〕は香港の2010年版中等地理カリキュラムにみられる地域的課題の扱いに関する分析を踏まえ，カリキュラムに示された多重な市民性を育成する方法・過程を明らかにした。また竹内〔2012, 2014〕は，小学校から高校までの地理教育を視野に入れた重層的地域形成主体育成のカリキュラムのあり方を提案したもので，そこでは重層的地域形成主体の育成における地域問題の扱いが示された。両者ともに共通するのが，地域に関わる課題・問題を重層性・マルチな市民性に不可欠な学習内容として，またカリキュラム上での位置づけを取り上げている点であり，加えて問題・課題の取り上げ方に関する地理的スケールに関する言及もみられた。

　志村〔2008, 2011〕では，2000年代イギリス地理カリキュラムが研究対象として取り上げられた。地球的課題を考える際の（E）SDについて，カリキュラム編成における（E）SDの扱いおよびイギリス地理教育に（E）SDが受容され

る過程が報告された研究であった。

　上記の２つのサブテーマに包含される研究の多くが，諸外国のカリキュラムの実態や地球的課題を扱った望ましいカリキュラムの在り方を示したのに対し，井田〔2011〕，阪上〔2012，2019〕は日本の高校地理科目に焦点を当て，具体的なカリキュラム試案・開発を実施した研究であった。井田〔2011〕は地域の社会問題を扱いフィールドワークを核とする地理と歴史を融合した持続可能な社会に関わる科目（地理歴史フィールドワーク）を，阪上〔2012〕は環境問題を介した地理と物理が協働する学習カリキュラム案を，また阪上〔2019〕は地理総合のカリキュラムをシステム思考育成からとらえなおし，システム思考育成に向けた学習目標・内容・方法を，それぞれ提案した。

　本テーマの研究はいずれも，地球的課題を内包する地理カリキュラムを研究対象としたが，市民性育成，カリキュラムの編成原理・背景の解明，カリキュラムの提案というように，何を研究の目的とするかについては差異が認められた。一方で，共通する研究の背景としては，空間スケール，市民性教育，ESDの存在が指摘できた。

3-2. テーマ：問題解決

　本テーマには８件の研究が含まれ，また２つサブテーマ（地球的課題の探究能力，問題解決能力）がみられた。

　地球的課題の探究能力には和田〔2008，2009，2010〕による高校地理 ESD の授業開発に関する研究が含まれた。和田による一連の研究は地球的課題（地域格差，水問題，地球温暖化）を学習内容として扱ったものであるが，研究の焦点は地球的課題を通じた探究学習やその能力であった。

　もう一つのサブテーマである問題解決能力には，熊野〔2002，2004〕，平川ほか〔2004〕，池下〔2011〕，田中〔2018〕の５件が含まれた。熊野の一連の研究では，市民的資質としての問題解決の育成や（市民としての）参加能力としての思考技能の方向性，平川らの研究では問題解決能力に関する日米比較から日本の高校生には柔軟で多角的な視点をもった仮説設定のスキルや地域スケールを意識した分析スキルが弱い点が解明された。また問題解決能力のなかでも特定

の思考 (スキル) に焦点を当てたものが，池下〔2011〕と田中〔2018〕であった。池下は ESD の実践における価値観の変容をめざし，批判的思考に基づいた中学校社会科地理的分野の実践報告を，田中は「地理的思考 (空間的思考) を通して現代的課題を解決する地理的知識やスキルの応用を重視する」(p. 33) 高校地理 B の実践を報告したものであった。

　小括すると，本テーマには地球的問題の背景の探究と解決のための能力に関する研究が含まれた。地理的課題の (地理的) 探究能力の研究背景には ESD がみられ，問題解決能力においては ESD とともに，市民 (性) 教育や開発教育の存在がみられた。なお探究能力と問題解決能力の育成に際し，地球的課題を扱い，また解決するべき対象として学習過程が組織されるという共通点がみられたが，(思考スキルも含む) 能力を，空間や地理的見方・考え方という地理固有の立場から定めるのか，思考技能や批判的思考といった通教科的な立場から定めるのかについては，立場が分かれた結果となった。

3-3. テーマ：社会参加・社会参画

　本テーマに該当する研究は 15 件あり，また 2 つのサブテーマ (参加・参画方法，当事者意識) がみられた。

　参加・参画方法に関わる研究は，永田〔2008，2010a，2010b，2011，2012，2020，2022〕，伊藤〔2002〕，井上〔2018〕の 9 件であった。永田の一連の研究のうち永田 (2010a，2011，2020) は，オーストラリアの中等地理カリキュラムの分析から，社会参加を目指したオーストラリアのカリキュラム原理の解明や日本における中等地理授業の在り方を提案したものであった。残りの永田〔2008，2010b，2012，2022〕は，主に高校 (一部中等) 地理を対象として授業開発に関わるものであり，学習内容として地球的課題やそれに関連するテーマ (地球環境問題，人口問題，多文化共生，地域活性化) を扱ったものであるが，いずれも社会認識形成を通じて市民的資質を育成する学習過程の中で社会参加に関わる過程が含まれていた。また社会への参加・参画を目指すその背景に市民的資質の育成や市民性教育を掲げる研究として伊藤〔2002〕と井上〔2020〕の研究がみられた。地球的課題と地域的課題を学習課題として扱い，「既に世界各地域で

為された問題解決過程を対象化し，その有効性や妥当性について反省的に吟味される地理教育論を具体化させている」〔伊藤，2002，p. 32〕イギリス地理教材 *Problem-solving Geography, Analysis in a Changing World* を分析したものであった。また井上〔2020〕は中学校社会科地理的分野における防災倉庫設置をめぐる議論を題材に，民主主義社会の市民に求められる議論の力の育成を目指したものであった。

2つ目のサブテーマである当事者意識には，泉〔2019a，2019b，2021〕，伊藤〔2010，2011〕，川瀬〔2020〕の6件が含まれた。高校地理実践を報告した泉による一連の研究では，システム思考やマルチスケールの考えを援用しながら，地球的課題を学習者の身近なモノ・コト（チョコレート，スマートフォン，フライドチキン）に関連づけて考察させ，生徒の社会参画の意識を涵養させる学習過程が報告された。伊藤の2件の研究も地球的課題を扱う上で，学習者に問題に対する当事者性の育成を意図したものであり，学習者が当事者性をもつことができるための手立てとして物語が紹介された。川瀬による水俣病問題を扱った高校地理単元もまた，課題に対する当事者意識や意欲の喚起を目指した提案で，問題の直接の当事者でない人々が地域的課題にどのように関与するべきかを考える学習過程が盛り込まれていた。

本テーマをまとめると，地球的課題の学習を通じて何を目指すのかという目標，具体的には社会参加・参画するための方法および社会に参加するにあたっての当事者意識の涵養という点がみえてきた。なお社会参加・社会参画の方法については，授業の中で実社会に直接関与することは意図されておらず，主に思考レベル（解決策の提案，実際の解決策の吟味，自己の意見の形成）での社会参加・参画が意図され，当事者意識に関わる研究では，地球的課題と身近な地域や学習者（の生活・日常と）の距離，言い換えれば，ローカルとグローバルのつながり（think globally, act locally）を意識して研究が実施されていた。また本テーマ全体に共通することとして，市民性教育やESDに関わる課題が研究に関わる背景として記述されていた。

3-4. テーマ：「人間－環境」システム

「人間－環境」システムには３件の研究が含まれ，また２つのサブテーマ（ドイツの地理学の基本概念，地球科学的探究）から構成された。

山本〔2015〕および阪上〔2015〕はドイツ地理教育を研究対象とした。地理カリキュラム・教育スタンダードおよび地理教材の分析を通じて，地理教育における「人間－環境」システムの基礎概念ならびにこの概念に関連した地球的課題に関わる学習方法（山本―シンドロームアプローチ，阪上―４つの空間概念）の概要を報告するものであった。また河合〔2019〕は高校地理におけるオゾンホール発生に関わる題材を扱った授業実践であり，地球科学的視点からその発生過程を生徒に探究させる流れを報告した。

本テーマの研究は，地理学・地球科学の考えに基づき，地球的課題の構造や原因を探究するためのアプローチ・学習方法を取り上げたものであった。

3-5. テーマ：複眼的思考

複眼的思考は多面的・多角的およびシステム思考のサブテーマから構成され，合計で８件の研究が本テーマに含まれた。

多面的・多角的には，木場〔2019〕，荒井〔2014, 2021〕，吉水〔2005〕，平川ほか〔2010〕，今野〔2013〕が含まれた。木場〔2019〕は高校地理における地誌学習の実践をその授業の構造と実際から報告したものであり，荒井〔2014, 2021〕はともに望ましい農業・農村の学習，アフリカ州での地球的課題の扱い方の在り方や具体をめぐり，イギリス地理教育における事例分析を通じて提案がなされた。木場〔2019〕では異なる地理的スケールを援用して生徒が地球的課題や地域的課題の考察に取り組めたことが報告され，荒井〔2014〕では環境保全・経済発展・社会公平の３つの価値観を踏まえて，身近な地域の農業の在り方を考察するような未来志向型の学習の必要性，荒井〔2021, p. 44〕ではステレオタイプを防ぐ方策として「地球的課題への当事者意識を育て，多面的・多角的に考察する」ことが主張された。残り３件はいずれも高校地理で多文化やそれに伴う諸課題を扱った。吉水〔2005〕はベルリンの文化多元主義論を踏まえた授業構成の在り方を提案，平川ほか〔2010〕は日本の高校生とオースト

174　第4部　地理や社会科における社会問題の扱いとシステムアプローチとの関係をさらに考究する

ラリアの高校生という異なる立場での思考や意見の交流が地球的課題について地域性を踏まえて考察する能力を高めたことを報告，そして今野〔2013〕は高校地理のESDに関わる授業実践の中で討論という方法を採用し，討論を通じて多面的・多角的・総合的な見方をさせることが，合意形成につながることを主張した。

　システム思考には，高校地理のESD実践を報告した小河〔2019〕と中村〔2019〕が含まれた。小河は地域調査の実施において生徒にフィールドワークを通じて地域の商店街の課題の発見とその解決策を考えるもので，その中でシステム思考を用いることで生徒が解決策の地域への影響をより考慮するようになることを報告した。また中村実践は，防災と防犯に関わる課題を軸とする授業で，このような授業を通じて「人間活動と自然環境，あるいは人間活動と生活環境を，それぞれ組み合わせて考察する視点（システマティック）と，社会や生活全体を広く俯瞰して考察する視点（システミック）の2つの視点で考察する『システム思考』が育成できる」(p. 56)と主張した。

　小括すると本テーマでは，地球的課題に関して複眼的に思考する必要性は主張されているが，思考の対象や方法はさまざまであった。また，地球的課題の構造や原因の分析過程と解決策の提案・吟味といった問題解決過程における思考のどちらに着目するかは研究により立場が異なっていた。

3-6. テーマ：学習内容

　地球的課題に関連した学習内容に関わる研究が本テーマに含まれ，3つのサブテーマ（地理学の五大テーマ，防災，ESD/SDGs）から構成された。

　地理学の五大テーマと地球的課題の関係から，アメリカのシルバー社会科『世界地理』の内容構成を明らかにした本多〔2005〕では，「未来の子どもたちの『グローカル』な市民的資質を育成するために，五大テーマだけではなく，さらに，グローバルな視点をも学習できる内容構成である」(p. 60)と主張がなされた。

　防災には高校地理を対象にした吉水〔2013〕，川野〔2018〕，小山ほか〔2020〕，番匠谷ほか〔2020〕の4件が含まれた。吉水〔2013〕では防災ガバナンスアク

ターの育成に向けて，コミュニティ，防災ガバナンス，復興コミュニティ論を踏まえた防災に関わる学習内容が組織され，川野〔2018〕もアクティブリスクテイカーの育成のために，リスク・コミュニケーションの考えを踏まえた学習内容が提案された。小山ほか〔2020〕と番匠谷ほか〔2020〕はともに生徒の現地でのフィールドワークや地図（ハザードマップ）の活用が伴う実践であり，地域性を踏まえた学習対象地域の教材化・学習内容化の過程が詳述されたり〔番匠谷ほか，2020，pp. 79-81〕，地域の実態に合わせた授業の展開の必要性が主張されたりした〔小山ほか，2020，p. 89〕。

　最後の ESD/SDGs には中村〔2011，2016〕，和田〔2011，2015，2018〕，西〔2021〕が該当した。中村〔2011，2016〕では国立教育政策研究所が開発した ESD 授業づくりのアプローチ（チェックシート型，視点整理型）を用いて授業やその学習内容を構成する過程や開発された授業（2011—地球環境問題，資源・エネルギー問題；2016—防災）の実際が報告された。また和田〔2011，2015，2018〕は，国際理地理学連合・地理教育委員会による「持続可能な開発のための地理教育に関するルツェルン宣言」および ESD 国際実施計画をもとに検討し，ESD の学習内容として地球的課題は適切であり，あわせてその取扱い方を主張した。そして西〔2021〕は，地理総合導入を意識して実施された高校地理実践であり，「国際理解と国際協力」の単元を視野に SDGs を学習内容に位置づけた単元計画および授業の実際が紹介された。

　本テーマをまとめると，扱われる地球的課題は地理固有のテーマよりも，社会系教科全体で扱われるようなテーマ（例えば，ESD/SDGs，防災，エネルギー問題）に基づいて学習内容（地球的課題）が構成される傾向にあった。また防災や ESD/SDGs に関する研究の多くは，高校の地理総合開始の 2022 年度以前に，地理総合を見据えて実施されたものであった。

3-7．テーマ：教師教育

　教師教育をテーマとした研究は，伊藤・白山〔2013〕の1件のみであった。同研究では，修士レベルに求められる教育内容を生成する力を培い，授業力育成に資することを目指した取り組みを報告するものであり，とりわけ地球的課

題を扱う ESD に着目して実施された。

■ 4. 考　察

4-1. 各テーマの成立背景

　ここでは前述の結果を踏まえ，RQ2 に回答する。各テーマの成立背景には
いくつかの要素が存在した。

　1 点目は，地理教育と現代的教育課題の関係性の影響である。地理教育は戦
後直後の国際理解教育に端を発し（例えば，保柳，1952），とりわけ 1990 年代か
ら続く環境問題や開発問題への取組，2000 年代におけるグローバル教育やワ
ールドスタディーズ，シティズンシップ教育，2000 年代後半から展開する
ESD，SDGs など，に対して積極的な取組がなされてきた。地球的課題は地理
教育においても重要な位置を占める学習内容・対象である一方，上記のような
教育活動においても中心となる学習内容・対象である。そのため，このような
教育活動と対応する形で展開する研究の（サブ）テーマが見受けられた（例えば，
ESD におけるシステム思考；シティズンシップ教育に影響を受けた重層性・マルチ
な市民性）。

　2 点目は，諸外国地理教育の研究・実践動向の影響である。レビューでは，
イギリス〔伊藤，2002；志村，2008，2011；荒井，2014，2021〕，香港〔吉田，
2011〕，アメリカ〔平川ほか，2004；本多，2005〕，ドイツ〔山本，2015；阪上，
2015，2019〕，オーストラリア〔永田，2010a，2010b，2011，2020〕，国際地理学
連合・地理教育委員会〔和田，2011；阪上，2012，2019〕に関わる研究がみられ，
全体の 3 分の 1 を占めた。同様に，社会系教科における ESD の研究でも諸外
国の研究の影響が指摘されており（阪上，2024），日本の地球的課題の学習指導
に関する研究テーマで得られた知見にも諸外国の先進的な取り組みが一定程度
反映されていると推察される。

　3 点目は，多くの研究の背景において，地球規模で考え，身近なところで行
動する（think globally, act locally）の考え方が見受けられる点である。これはカ
リキュラム，社会参加・社会参画，複眼的思考に含まれた研究で顕著な傾向で

あった。これは地球的課題の学習指導に当たっては，その構造や原因の認識にとどまらず，課題の解決を通じた（重層性・マルチな）市民性の育成や社会参加・参画，当事者意識の涵養といったところまでを学習指導の目標として捉えられていると推察できる。

4点目は，「原因の追究とその対処」を重視した学習（問題志向的な学習）に基づく授業構成論や授業開発・実践である。多くの研究において授業で扱われる地球的課題はおおむね1種類で，学習過程ではその課題の原因を解決（取り除く）するという流れが主であった。1種類の地球的課題を取り上げどのように解決するべきという点から，探究や問題解決能力，教材・学習内容の開発に関する研究が試みられていた。

4-2. 当該分野における研究上の課題

前述までの結果・考察を踏まえ，最後に RQ3 について回答する。

1点目は，学習指導で扱われる地球的課題の種類の偏りである。地球的課題の種類は多岐にわたるが，レビュー対象文献で扱われたものは主に環境や開発（地球的環境問題）関連に偏り，平和や公正（文化衝突，権利問題）に関わるものは少なかった〔例えば，吉水，2005〕。地理（学）の基本的な考えである「人間—環境」が意識されるほど，平和や公正といった点から遠ざかりやすくなると考えられ，平和や公正を扱うための地理の学習指導方法の継続的な研究の必要があるといえる。

2点目は，実社会と学習指導における地球的課題のとらえ方のズレである。実社会では地球的課題の複雑化，つまり地球的課題はその原因の特定が困難であることが指摘される一方，学習指導では主として一つの地球的課題を題材として扱い，その原因の追究とその対処を構想することが意図される。このような実社会と学習指導における事象の扱いのズレは地球的課題に限ったことではないが，実社会における考え方やアプローチを学習指導の中で適応することも必要であろう。またドイツでは課題が解決された状態を描き，過去の成功の要因に基づき，問題が解決された社会の状態や解決策を中心に扱う解決志向型（lösungsorientiert）地理教育の兆しがみられる（例えば，Hoffmann, 2018）。諸外

国におけるこのような研究・実践動向も継続して追うことで，日本の学習指導に一定の示唆を得られる可能性がある。

3点目は，教師教育，換言すれば地球的課題に関わる学習指導ができる教師に関わる研究は，他のテーマと比して少なく，1件にとどまった。教師教育の研究が盛んではないという結果は他のSR（Watanabe et al., 2021：阪上，2024）でもみられ，教師教育研究それ自体の絶対数が少ないことが前述の結果になったと推測できる。教員の専門性・力量形成がより一層求められる中にあって，本テーマの量的・質的拡大は喫緊の課題といえる。

■ 5. まとめ

本研究は日本の中等地理教育における地球的課題に関する学習指導の特徴と課題を解明することを目的とし，7つのテーマとその成立背景，研究上の課題，今後の研究の展開を説明した。最後に，本レビュー自体の限界・課題について2点，指摘する。

1点目は他のSR（例えば，Watanabe et al., 2021：阪上，2021）でも指摘されているが，研究の手続き上，書籍に所収の文献はレビュー対象外であったことである。2点目は，本レビューは2002年以降の研究を対象としたが，地球的課題に関する学習指導の成果・課題をより明確にするためにも，2002年以前の研究も対象とした研究レビューを実施することである。

引用・参考文献

外務省（2014）「3. 地球的規模の問題への取組」https://www.mofa.go.jp/mofaj/gaiko/oda/shiryo/hakusyo/08_hakusho/main/b3/s2_2_03.html（最終閲覧日2024年3月2日）

上岡洋晴・金子善博・津谷喜一郎・中山健夫・折笠秀樹（2021）「『PRISMA 2020声明：システマティック・レビュー報告のための更新版ガイドライン』の解説と日本語訳」ライフサイエンス出版『病理と治療』49, pp. 831-842.

草原和博・溝口和宏・桑原敏典編（2015）『社会科教育学研究ハンドブック』明治図書.

阪上弘彬（2021）「中等社会系教科における防災学習の動向—3.11後の研究を対象

にしたシステマティックレビュー」兵庫教育大学連合大学院・防災教育研究プロジェクトチーム編『持続可能な社会をつくる防災・減災, 復興教育』協同出版, pp. 130-153.

阪上弘彬 (2024)「持続可能な社会に向けた社会系教科教育研究の成果と展望」關浩和・吉川芳則・河邊昭子編『レリバンスの構築を目指す令和型学校教育』風間書房, pp. 259-268.

中山修一 (2011)「新学習指導要領に入ったESD—「持続可能な社会」の学習」中山修一・和田文雄・湯浅清治編『持続可能な社会と地理教育実践』古今書院, pp. 1-9.

保柳睦美編著 (1952)『国際理解と社会科における地理教育』古今書院.

Hoffmann, T. (2018). Gerüstet für die Zukunft: Aufgaben des Geographieunterrichts. *Praxis Geographie*, 2018.1, pp. 4-9.

Page, M. J., McKenzie, J. E., Bossuyt, P. M. et al. (2021). The PRISMA 2020 Statement: An Updated Guideline for Reporting Systematic Reviews. *Syst Rev*, 10, 89. https://doi.org/10.1186/s13643-021-01626-4

Petticrew, M. and Roberts, H. (2006). *Systematic Reviews in the Social Sciences: A Practical Guide*. Blackwell.

Watanabe, T., Sakaue, H., Osaka, Y. and Okada, R. (2021). Trends in Research on Teaching and Learning Spatial Cognition in Elementary Social Studies in Japan: A Systematic Review from 1989 to 2019. *Geographical Review of Japan Series B*, 94.2, pp. 49-64.

各文献のレビュー結果の整理・データ入力作業に際しては, 千葉大学大学院教育学研究科院生 (当時) の大川遼馬氏に大変お世話になりました。ここに記して感謝申し上げます。

表4-1-3, 54件のレビュー対象文献のリストは, このQRコードにアクセスし, ダウンロードできる。

第 2 章

カナダ・アルバータ州社会科における Issues-Focused Approach の意義
── システムアプローチの観点から ──

坪田　益美

■ 1. はじめに

　筆者はこれまで,「社会的結束 (social cohesion)」による多文化共生社会の構築に向けた社会科のあり方について検討してきた。「社会的結束」とは,ヨーロッパを中心に広まった理想であり,1990 年代終盤からカナダでも,特にシティズンシップ教育の文脈で重視され始めた。これは,国家などの制度的枠組みや権力ではなく,また利害関係者間の利己的な契約関係でもなく,あるいは民族や文化の同質性に拠るものでもない,市民一人ひとりの社会の構成員としての責任や役割の自覚によって協働で運営される社会を構想したものである。グローバル化や資本主義の進展に伴い,国境を越えた人やモノの移動が激しさを増す今日,世界的な相互依存の強まりや差異との共生の必要性は,ますます顕在化している。シティズンシップ教育において「社会的結束」が求められるのは,そうした多様な人々が互いにとって生きやすい社会を,すべての人が主体となって創り出し続けていくことが必要だからであり,そのためには,市民自身の意思と行動が必要とされたことによると筆者は考える。すなわち従来のように,権威や制度,あるいは利害の一致や民族的同質性など集団の質そのものに何らかの求心力を求めて市民を束ねるのではなく,多様な市民一人ひとりの共生へ向けた意思と行動によって,市民同士の間に社会が築かれていくことが必要だからである。

　このような多文化共生社会を促進するために重要なものの一つとして,「葛藤を前提とする社会認識」を育成する社会科を提案したい。「社会的結束」の

第 2 章　カナダ・アルバータ州社会科における Issues-Focused Approach の意義　　181

理解として重要なのは，ジュディス・マックスウェル（Maxwell, 2003, p. 1）が指摘するように，「社会的結束とは平和や平穏に満ちたユートピアではない。その代わりにそれが提示するのは，多様性を受容し，さまざまな対立を争いになる前に対処する社会の有り様」であるという点である。すなわち，「社会的結束」に基づく民主主義社会とは，「葛藤」の無い社会ではなく，むしろ「葛藤」があることこそが重要で，その状態こそが健全なのである。「葛藤」が無い社会が望ましいのではなく，「葛藤」をともに解決していくことこそが，社会的結束を生み出す鍵となるのである。

　「葛藤」や「対立」の無い状態は，一見平和であるかのように思われがちだが，それはむしろ危険であり，単に目に見えない，あるいは表面化していないに過ぎない問題が放置されている可能性が高い。特に多様な背景や文化を持つ人々が構成する社会においては，立場や背景の異なる他者の抱える困難な状況に，彼らからの訴えが無い時点で気づくことは極めて困難である。加えて，誰もが自由に声を上げることができているとは限らない。社会構造そのものがマジョリティの視点で創られている傾向がある以上，マイノリティは，恒常的に不都合が強いられること，構造的に不利，不平等が生じていることは多々ある。そうしたことに，マジョリティは気づきにくい上，往々にして，マジョリティはマイノリティの声の小ささ，声を出せない状況について，無自覚である。声を出せない存在としては，民族的・文化的マイノリティだけではなく，経済的困窮者や障がいのある人びとのような社会的弱者も含まれる。ゆえに，さまざまな人々の差異，それらに起因する「葛藤」があって然るべきものとして，認識させることが多文化共生の第一歩として必要不可欠である。そうした「葛藤」や誰かが不当に虐げられている状態を闘争に発展する前に見いだし，平和的に解消していけるよう公に議論できることが，多様性を前提としつつ平和的に共生していくために，極めて重要なのである。よって，無前提で共有される価値観や常識や合意といったものはあり得ないのであって，いわゆる「空気を読む」あるいは「察する」といった姿勢，いわば「葛藤」を避ける能力ではなく，むしろ「葛藤」に対して積極的に対峙し，「葛藤」を経験する中でより正しく他者を理解しようとする姿勢が不可欠となるということでもある。

182　第4部　地理や社会科における社会問題の扱いとシステムアプローチとの関係をさらに考究する

　そこで本稿では，「葛藤を前提とした社会認識」を育成する社会科が重要であるという観点から，多様性を尊重し，かつ「調整」しようとする市民の育成を目指す学習単元として，カナダ・アルバータ州の Issues-Focused Approach による社会科の単元構成について検討してみたい。

■ 2. システムアプローチの観点から考える Issues-Focused Approach の意義

　ここまで述べてきたように，現実に起こった（ている）「葛藤」に焦点を当て，そこにおける多様性の存在に「気づき」，「尊重した上での調整」の方法を知り，それがあらゆる時代，場所においても共通する普遍的な「共生の方法」であることを認識した上で，新たな「葛藤」を見いだし，考察するという単元構成に至ることが，多様性を前提とした民主主義を実現する「社会的結束」への意思を育てる上で，極めて重要であると筆者は考える。それはまた同時に，システムアプローチの重要性ともいえる。

　Issue とは，日本語では「争点」と訳されることがあるが，この「争点」こそ，システム思考でとらえる必要がある。「争点」には，利害関係者の思惑や思想，観念等が存在し，それらはさまざまな背景に基づいて生まれている。多文化共生社会を目指す上では，それら思想や観念などのすり合わせが最も困難な作業の一つである。しかし，葛藤を平和的に解決に向かわせるためには，すべての関係者が納得できる結論に至ることが必要である。ゆえに，多様性を前提とした民主主義社会は，いまだ理想の域を出ていないと言わざるを得ない。システムアプローチは，その困難な作業をより前向きに進める可能性を与える方法の一つであると筆者は考える。なぜなら，多文化社会における「争点」で最も厄介なのは，人々の思想や心情，価値観など，目に見えないが，確実に意思決定に大きな影響を及ぼすものだからである。特に，社会的・文化的に形成されたそれらは，同じルーツや背景を共有していなければ，一見してわからないこともあるし，理解や共感できないような場合もありうる。しかしながら，それらが形成されたさまざまな背景や理由，意味などを理解することで，尊重すべき

点がより明確になり，理解し合うことがより容易になりうる。このように，葛藤の根底にある人々の思想や心情等との関係性ならびにそれらが形成された背景と意思決定の関係性等を総合的に把握しようとするシステムアプローチは，絡み合って複雑化した争点を紐解く役割を果たし，真の「争点」を露わにすることで，合意や和解へとよりスムーズに運んでくれる可能性があるからである。

■ 3. カリキュラムにおける Issues に焦点を当てた
　　探究型学習プロセス

　そうした合意を促していく資質・能力を育成するための一つの手法について，本稿ではカナダ・アルバータ州の社会科カリキュラム（2003〜2005 年改訂版[2]）を手がかりに，考察してみたい。

　アルバータ州の社会科は，前述した通り「「Issues」に焦点を当てた探究型の学習（Issues Focused Approach）」を基盤に構成されている。旧カリキュラム（1990 年版）が，諸概念を網羅的に理解させる形をとっていたのに対し，本カリキュラム（2005 年版）では一つの論争的な Issues をより深く探究させるプロセスを重視している。そしてこの構造は，10 − 12 学年（以下 G10-12）の段階に[3]，特に顕著に見いだせる。G10-12 では，各学年の一年間を通して考察すべき「Key Issue」が設定され，その Issue をめぐって学習が展開される。具体的には，G10 では「グローバル化」，G11 では「ナショナリズム」，G12 では「イデオロギー」に関する Issue が取り上げられる。これらの多様性によって生じるさまざまな葛藤の背景を学習内容としている。

　例えば G10 では，グローバル化をめぐる問題を探究させることで，生徒に次の 2 つのことを認識させる構成になっている。第一は，「多様性の中での共生が不可避なものである」という認識であり，その一方で，第二は，「多様性の中での共生によってさまざまな問題が起こっている」という認識である。ここには，国家・社会内の民族的・文化的多様性をいかに調整していくかというテーマが通底している。このような認識をもたせることが，「多様性の調整」の必要性を考えさせることにつながる。この G10 の学習内容は，生徒に多様

性の中での共生を主体的に受容させ,それに向けた意欲および態度を身につけさせることをねらいとしているといえる。特に,その後の「ナショナリズム」や「イデオロギー」といった,ややもすると多様性との共生を忌避しかねないテーマを扱う前にこの内容が設定されていることに,筆者は重要な意味があると考える。そこで本稿では,このG10を事例として取り上げることとする。

　Key Issueに取り組むために,G10以上の社会科カリキュラムでは,さらに4つの「Related Issue ①～④」が設定される(図4-2-1参照)。それぞれのRelated Issueに関して学習する中で,生徒がKey Issueの問題理解から価値判断(意思決定)までを行えるような構成となっている。具体的には,次の5つの段階で学習が組織される。第一段階「Related Issue ①」:争点の理解(グローバル化の進展に伴い,文化やアイデンティティ等の差異や権利をめぐって,どのようなことが問題となっているのか)。第二段階「Related Issue ②」:問題の歴史的背景の認識(過去にどのような問題が起こったのか,そしてそのことが現在にどのような影響を及ぼしているのか)。第三段階「Related Issue ③」:問題の深刻さや重要性の考察(それらの問題がなぜ問題でどの程度問題なのか)。第四段階「Related Issue ④」:市民としての意思決定(生徒自身ができること,すべきことはなにか)。以上を踏まえて,最終手段として「Key Issue」:総合的な考察(「我々はグローバル化をどこまで容認すべきか」)を行うという構造である。

　本カリキュラムでは,以上の学習プロセスを組織することで,論理的に考察する技能の育成とともに,一つの問いをさまざまなパースペクティブから分析する思考を身につけさせることを目的としている。これらの技能や思考は,単

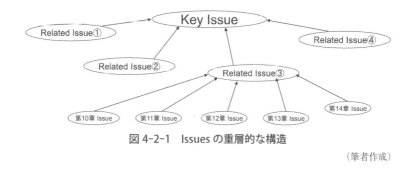

図4-2-1　Issuesの重層的な構造

(筆者作成)

第 2 章　カナダ・アルバータ州社会科における Issues-Focused Approach の意義　　185

に生徒に社会事象に関する多面的な理解を促すだけでなく，一つの Issue の背景にあるさまざまな次元の多様性の存在に気づかせ，問題解決のためには多様性の背景を紐解き，それら葛藤の根底にある複雑な真の争点を総合的に理解した上で，対立の調整が必要であることを理解させるために極めて重要である。

4. 10 学年の教科書における重層的な Issues に基づく内容構成

　次に，10 学年のより具体的な学習内容を，カリキュラムに準拠した教科書『グローバル化の展望』(Perry-Globa et al., 2007) の分析を通して明らかにする。

　序章では，本学年で追究する Key Issue (「我々はどこまでグローバル化を容認すべきか？」) が示される。その下位に州カリキュラムで設定された 4 つの Related Issue (図 4-2-1 参照) に則した，4 つのパートが構成されている (表 4-2-1 参照)。さらに，それぞれのパートの下位には，4 つから 5 つの章 (単元) が設定され，そこではより具体的な Issue が提示される。つまり，本教科書の Issues は三層構造を成しており，Issues を重層的に学習することで，生徒が Issues を多様なパースペクティブから考察できるよう構成されている。

　パート 1 は全体の導入部であり，グローバル化がもたらす課題 (challenge) と機会 (opportunity) を，「アイデンティティ」という側面から理解させる内容が設定されている。ここで重要な点は，本教科書で取り上げるグローバル化による変化の事例を，「人びとの主体的な意思」の有無に基づきとらえている点である。その変化を，主体的に受容していない場合には差異をめぐる「課題」として，主体的に受容している場合には，可能性を含む「機会」として取り上げている。この学習を通して生徒は，多様性を尊重する方法として主体的な意思の介在が重要であること，さらに差異を保持するかあるいは変容させるかに対しても個々の主体的な意思が重要となることを理解できるようになると考える。なお，本パートの第 4 章では，差異の調整について，Royal Canadian Mounted Police (RCMP) の事例を提示している。これは，RCMP が 1990 年にシーク教徒の警官に，勤務中のターバンの着用を認めたというものである。教

186 第4部 地理や社会科における社会問題の扱いとシステムアプローチとの関係をさらに考究する

表 4-2-1 教科書の章構成

パート		章（Issue）
序章 私たちはどこまでグローバル化を容認すべきか？		
〔パート1〕 グローバル化， アイデンティティ， 文化の間の関係性	〈Related Issue ①〉 グローバル化はどこ まで私たちのアイデ ンティティに影響す べきか？	1章 グローバル化を理解する （グローバル化は私の生活にどこまで影響するか？）
		2章 グローバル化する世界におけるアイデンティティ （グローバル化は人びとのアイデンティティにどこまで影響するか？）
		3章 グローバル化する世界における技術と文化の促進 （メディアや通信技術はどこまでアイデンティティに影響するか？）
		4章 地球的課題 （私たちはグローバル化が引き起こす課題にどこまで対応すべきか？）
		5章 地球的機会 （私たちはグローバル化がアイデンティティに提供する機会にどこまで対応すべきか？）
		パート1の Issue に対応する
〔パート2〕 歴史的なグローバ ル化の影響	〈Related Issue ②〉 現代社会はどこまで 歴史的なグローバル 化の遺物へ対応すべ きか？	6章 文化接触 （文化接触はどこまで人びとに影響するか？）
		7章 歴史的なグローバル化と帝国主義 （歴史的なグローバル化は人びとの生活にどこまで影響したか？）
		8章 帝国主義政策と実践 （カナダはいかにうまく帝国主義の影響に対処したか？）
		9章 歴史的起源と現代の課題 （現代社会はどこまで歴史的な帝国主義によって影響されるか？）
		パート2の Issue に対応する
〔パート3〕 グローバル化の経 済的および環境的 な影響	〈Related Issue ③〉 グローバル化はどこ まですべての人びと の持続可能な繁栄に 寄与するか？	10章 経済的グローバル化 （どのような経済的理念が現代の経済的グローバル化の発展に最も影響したか？）
		11章 経済的グローバル化の拡大 （経済的グローバル化の拡大はどこまで人びとの生活に影響してきたか？）
		12章 経済的グローバル化の課題と可能性 （経済的グローバル化の可能性と課題はどこまで人びとの生活に影響するか？）
		13章 環境への影響 （グローバル化はどこまで環境に影響するか？）
		14章 地球的持続可能性と繁栄 （グローバル化する世界において持続可能性と繁栄はバランスを保てるか？）
		パート3の Issue に対応する
〔パート4〕 グローバル化する 世界における役割 と責任	〈Related Issue ④〉 あなたは，市民とし て，どこまでグロー バル化に対応すべき か？	15章 生活の質，人権，民主化の序論 （グローバル化はどこまで生活の質や人権へのアクセスへ影響するか？）
		16章 社会における諸集団へのグローバル化の影響 （グローバル化はどこまで社会における個や集団に権限を与えるか？）
		17章 グローバル化の個々やコミュニティへの影響 （グローバル化はどこまで個やコミュニティに影響するか？）
		18章 グローバル化する世界における市民的責任 （グローバル化に関係して私たちはどこまで市民的責任を受容すべきか？）
		19章 あなたの地球的シティズンシップ （責任ある地球的シティズンシップを発揮するために利用できる最も効果的な方略は何か？）
		パート4の Issue に対応する

（Perry-Globa et al., 2007 より筆者作成）

科書では「ここにおける調整とは、RCMP の警官の共通の制服を変化させたということである。(中略) こうした宗教的衣装をめぐる調整は、多元社会をめざすカナダにおいて、とりわけ重要な issue となるだろう。」(Perry-Globa et al., 2007, p. 86) としている。このように、マジョリティがマイノリティの声を聞き入れ、さまざまな規定や制度を変化させていくことが、多様性の調整に他ならない。

パート2は、過去に展開されたグローバル化が、先住あるいは非先住の人びとへの影響を探究させることを主な目的としている。ここでは、過去のグローバル化の過程において、アボリジニ[4]の生活や文化がヨーロッパ人との接触によって制限されたり滅亡したりすることにつながったという歴史的事実を学習させる。生徒は異なる他者との共生の困難さを理解するだけでなく、過去を学ぶ中で、現在のアボリジニの人びとの生活や彼らが主張していること・要求していることの背景を理解し、その声に耳を傾ける必要があることを考察する。

パート3は、人間の相互依存関係や人間と自然環境との相互依存関係について学習することを通して、持続可能な繁栄について考察させる。その学習を通して生徒が、必然的に他者との協働、異なる見解・差異の調整、互いに手を取り合う結束の重要性に気づくよう構成されている。

パート4は、グローバル化によりますます多元化する社会において、いかなる社会を構想し、どのように行動すべきかを検討し、その方途を探究することが主な目的とされる。そのために、ここでは特に社会的権力が個人に与える影響と、逆に個人が社会に与える影響の双方を理解させようとしている。それは、社会の動きが直接的／間接的に自身に影響を及ぼすという事実が存在し、またその逆の事実も存在する以上、それに「対応する」ことは必然であるということを生徒が認識することへとつながっていく。この「対応する」ということが、社会の構成員としての「責任を果たす」ということを意味するのである。

例外は認められるものの、各パート内にはおおむね次のような規則性を見出すことができる。各パート内の最初の章 (単元) で、まず、そのパートで焦点化する争点を理解させる。葛藤が生じる際には必ず、一つの事象をめぐってさまざまな立場が存在することを理解させ、今回の争点では、何が問題で、どの

ようなパースペクティブが存在するか，ということを確認・把握させるのである。その上で，続く各章では，各パートの Related Issue に即してさまざまな事例が提示される。前半部に位置する章では，社会の動きが個人にどのような影響を与えるのか，ということについての事例が示される。後半部に位置する章では，具体的な葛藤の事例，あるいはそれを解決した事例が示される。

■ 5. 具体的な学習展開におけるシステムアプローチの事例

では，さらに具体的に一つの単元（章）を事例として取り上げ，学習の展開を詳述する。次の表 4-2-2 は，第 13 章の内容構成を示したものである。

パート 3 は，4 つのパートの中でも特に，グローバル化した現代社会の具体的な問題を考察させるパートである。その中にあって，環境をめぐる問題を取り扱う第 13 章は，経済的な発展と多様性の尊重という，切実かつ身近な社会的ジレンマを取り扱う章となっている。そのため，システムアプローチの必要

表 4-2-2 「第 13 章 環境への影響」の内容構成

本章の Issue	グローバル化はどこまで環境に影響するか？		
	本文（項）	挿入記事	活動
【Skill Path】 民主主義的実践としての社会参加	敬意を持って意見を共有するステップ 1 ～ 6	【Ideas and Opinions】 エピクテトスの一節 よい質問をしてみよう	ステップ 6 スキルを実践してみよう
第 1 節 資源開発と土地利用 【Question for Inquiry】 グローバル化は資源開発にどのような影響を与えるか？	導入：「モノ」のもつ意味・価値 ※単なる「木」でも，立場・見方・関わり方によって異なる価値を持つ 資源開発と石油工業	【Voices】 アルバータ州の油砂：環境への影響についての見解	【Explore the Issues】 ❶調査する ❷話し合う ❸批判的思考
	資源開発のポリティクス		
第 2 節 資源開発協定と環境立法 【Question for Inquiry】 地球の共同体はいかにして資源開発と環境問題の解決に向かうことができるか？	資源開発協定	【Voices】 バーガー・リポート 【Ideas and Opinions】 【Fast Facts】	【Explore the Issues】 ❶広げる ❷調査し評価する ❸振り返り分析する
	環境に関する法律 資源開発と国際協定	【Investigation】 北極圏国立野生生物保護法	
振り返りと分析	諸見解に対応する 学習内容と issues の関係性を認識する 調査および探究		

（Perry-Globa et al., 2007, pp. 268-287 より筆者作成）

性を比較的，端的に理解させることのできる章であると考えられる。特に「開発コンパス[5]」を使った考察のプロセスが顕著に見出せると考える。そこで本章では，第13章を事例として取り上げることとする。

　本章では，まず【Skill Path】が提示される。【Skill Path】は，教科書全体において次の6つの技能として提示されている。それは「創造的思考」「批判的思考」「歴史的思考」「地理的思考」「探究のための調査」「民主主義的実践としての社会参加」の6つである。各章で，これら6つの技能の内の一つが取り上げられ，その習得・応用が目指される。本章では，「民主主義的実践としての社会参加」を取り上げ，さらに具体的には「敬意をもって意見を共有する(Share Views Respectfully)」技能が提示されている。この技能習得のために，教科書では次のようなステップ1〜6が設定される。生徒はステップに従って学習を展開するが，学習の中核に位置づくのが「ステップ5」(網掛け部分)である。そのため，学習後に，「敬意ある」話し合いができたかどうか，またどのような点が良かったか，反省すべき点は何かといった振り返りを行う。ここで，重要なポイントとして示されているのが，【Ideas and Opinions】である。【Ideas and Opinions】は，適宜挿入される短いコラムである。ここでは，ギリシア人哲学者のエピクテトス(Epictetus)の「自然は，我々に一つの舌と二つの耳をくだされた。したがって，我々は話すよりも二倍聞くことができる」という一節が紹介される。このことは，アルバータ州社会科が，「聴くこと」「他者理解」という技能を重視していることを示唆している。「より効果的に自分の主張を伝える」技能ではなく「よりよく聴くこと」を優先させ，他者の意見の共有を重視することは，一つの事象に対するさまざまな立場や見解，背後にあるさまざまな事象との関係性などを俯瞰して考察することによって，より良い判断を下すために最も重要である。カナダのような多様性を重視した民主主義社会を実現するにあたっては，多様性を調整し，すべての当事者たちの合意を得る必要がある

ステップ1. 議論の基盤を創る。
ステップ2. 探究の計画を立てる。
ステップ3. パースペクティブに注目する。
ステップ4. 知見を共有する。
ステップ5. 敬意ある話し合いに参加する。
ステップ6. スキルを実践する。

が，そのためにも，まずはより深く相手の主張や価値観などを理解することが不可欠である。特に，マイノリティの声は小さく，十分に聞き届けられない可能性があるため，マイノリティの声には十分に注意を払うことが必要である。これは「開発コンパス」で言うところの「Who decide/Welfare（政治／幸福）」をふまえて判断することにつながる重要な技能である。

　続いて，第1節において「資源開発と土地利用」の学習が提示される。ここで筆者が着目するのは，本文の冒頭である。そこでは，「木」を事例に，立場や見方，関わり方の違いによって，同じモノが全く異なる意味を持つことが説明される。例えば，「家を建てたい人にとっては，それは材木の資源」であり，「空気の質が悪いために喘息を患っている人にとっては，それは天然のフィルター」である，といったことである。その上で，アルバータ州の大きな経済基盤である石油をめぐる問題が提示される。石油は，アルバータ州に大きな経済的利益をもたらしている。本文は，データを提示しながら，その事実を伝える。他方，【Voices】というページでは，その環境への影響に対するさまざまな人びとの主張を伝えている。アルバータ州にとって石油という資源は利益を生む財であるが，それを開発し続けることは環境の破壊を伴う。ここでは，その多様な主張を，さらに【Explore the Issues】という発展的課題を通して深めさせるという構成になっている。

　この発展的課題における事例は，一つのモノに対する「思い入れ」という目に見えない価値（＝不可視の価値）が存在することに気づかせるという意味で注目に値する。このような「思い入れ」は目に見えないが，集団的な決定においては，合意に達成するための不可欠なファクターとなる。これらは「開発コンパス」で言うところの「Nature（自然）」「Economy（経済）」「Society（社会）」といった背景，ファクターを踏まえて，開発や土地利用をめぐる問題について考察させる展開となっているといえる。

　次に，第2節「資源開発協定と環境立法」では，さまざまな対立や葛藤に対する合意の図られ方に関する事例が提示される。これは，前節（「資源開発と土地利用」）で学習した問題を解決するための方法のモデルが示されていると解釈できる。例えば，「第1項（小単元）資源開発協定」の「マッケンジー川のパイ

プライン⁶⁾」では，お金や権力で目的を達成しようとするという一方的な手段に頼るのではなく，その決定に影響を受けるマイノリティ（アボリジニ）の文化や精神性，権利といった「不可視の価値の尊重」を優先させ，計画が平和的に遂行され，環境に配慮しつつ経済的発展にも寄与した成功事例が示されている。

　パート1の第4章のRCMPの事例にも示されたように，本教科書では，アイデンティティに関わる重大な差異について，それを維持したいと考える人びとの意思を重視している。そうした価値を国家が保護し，彼らマイノリティの要求や主張に耳を傾け，計画を延期・変更した事実を生徒に伝えることが，これらの事例の教育的意義である。価値が葛藤する場面におけるマイノリティの権利の不可侵性を尊重し，彼らの意思を反映させた上で，共生を図り，計画を実行する。こうして本教科書は，不可視のファクターまでを社会的事象を成り立たせている構造の一部として可視化し，集団的意思決定の重要な要素として尊重する思考，判断を重視する姿勢をあらゆる場面で強調しようとしているといえる。

　このようにIssuesに基づく重層的な単元構成は，Issuesをめぐるさまざまに異なる立場や背景などを把握した上で行われる「多様性の調整」のあり方を段階的に学習させ，認識・理解を深めることに主眼をおいている。このことは，「多様性の調整」が本質的に，Issueの内容によって調整の方法も異なり，「一つの正解が無い」がために，「重層的なIssueの理解」が必要となるという性質から考えてみても極めて重要な点である。そして，それがゆえに，システムアプローチもまた，本学習構成のプロセスにおいて不可欠な要素なのである。

▪ 6. おわりに

　以上，本章では，カナダ・アルバータ州の社会科カリキュラムおよび教科書の分析を通して，Issues-Focused Approachによる学習内容の構成とその意義について検討した。

　日本では，特に2000年以降，活動的なシティズンシップの育成に寄与するための社会科教育研究が盛んに行われてきている。その代表的な先行研究では，

現実社会との関わりを授業の中に取り込むことで，社会の一員としての生徒の自覚を養うとともに，実社会における社会的有効感を育む，社会参加型学習などが多く見られる。このような日本の社会科教育研究におけるシティズンシップ教育に関する研究は，市民社会を前提として，その社会へ政治的・社会的に参画する市民の育成について追究してきたといえる。つまり，個がいかに社会へ参画するか，公的な問題についてどのように集団的な意思決定を下すかという点に焦点が当てられている。しかし，多元的な市民社会を前提とする場合，文化やアイデンティティなどのさまざまな差異による葛藤，利害の調整や合理性だけでは合意を図ることのできないIssuesを想定することが重要である。また，活動的市民の育成においては，社会参加的な活動だけではなく，社会認識の質を重視することが重要である。なぜなら，社会認識の質が市民の社会参画の質を左右するからである。

　ここで重要なことは，さまざまな背景に基づいて必ず人びとの間に差異は存在し，葛藤や対立はあるけれども，必ずしも理解し合えないものではないという認識である。そしてその理解を促す手立ての一つとして有意義なのが，システムアプローチであり，ここではそれがIssues-Focused Approachによる学習として取り入れられているのであるといえる。争点を丁寧に紐解き，さまざまなパースペクティブからものごとを見つめるとともに，争点を形成するさまざまな背景や経緯，関係性について把握することで，共感はできないまでも，互いに理解し合うことは可能となる。このようにして，丁寧に「差異を受容し，調整する」ことが多様な人びとが互いに尊重され，平和的な共生社会を実現していく上で不可欠であるという社会認識を前提として形成していくことが，シティズンシップ教育において最も重要であると，筆者は考える。

注

1) カナダではMaxwell（1996）やPolicy Research Sub-Committee on Social Cohesion（1997）などによって，政策研究上で「社会的結束」が言及され始めた。Joshee（2004）によれば，1990年代終盤以降，シティズンシップ教育の文脈で「社会的結束」が重視されることとなった。

2) Alberta Education（2005）他G4以降のカリキュラムは，すでに改訂されている

ため，現在は web 上では入手不可な部分もある。

3) カナダは州・準州によって学年単位が異なるが，アルバータ州は日本と同じ 6-3-3 制である。したがって，G10 − 12 が日本における高等学校段階にあたる。

4) カナダでも多くの場合，先住民族（First Nations）という呼び名が一般的であるが，本カリキュラムでは，アボリジニという言葉を先住民族・イヌイット・メティスの総称として扱っている。したがってそれに倣って，本稿でもそれらを区別して用いることとする。

5) 地理教育システムアプローチ研究会（2021，p. 2）参照。

6) Perry-Globa. et al.（2007, pp. 279-282）：マッケンジー川のパイプライン建設計画が立ち上がった 1970 年代後半，北西準州にあるその地域には多くのアボリジニが生活していた。建設計画のチーフであるトーマス・バーガーは計画推進の際の調査において，現地住民が伝統的にもつ，土地というものに対する深い思いを知り，アボリジニの「土地請求」が認められるまで，10 年はその計画を凍結することを推奨した。それが「バーガー・リポート」なるものである。その後先住民の多くの「土地請求」が解決した後，あくまで先住民の権利に配慮した交渉の下，彼らに対する利益を保障した上で，建設が開始された。

引用・参考文献

地理教育システムアプローチ研究会編（2021）『システム思考で地理を学ぶ―持続可能な社会づくりのための授業プラン―』古今書院.

Alberta Education. (2005). *Social Studies Kindergarten to Grade 12 Program of Studies.* http://education.alberta.ca/media/456082/sockto3.pdf（最終閲覧日 2024 年 9 月 1 日）

Jenson, J. (1998). *Mapping Social Cohesion: The State of Canadian Research.* Canadian Policy Research Networks Ink.

Joshee, R. (2004). Citizenship and Multicultural Education in Canada. In Banks, A. J. (Ed.), *Diversity and Citizenship Education: Global Perspectives.* Jossey-Bass, pp. 127-156.

Maxwell, J. (1996). Social Dimensions of Economic Growth. In *Eric J. Hansen Memorial Lecture Series, volume viii,* University of Alberta.

Maxwell, J. (2003). *What is Social Cohesion, and Why Do We Care?* Canadian Policy Research Networks. http://cprn.org/documents/19422_en.pdf（最終閲覧日 2015 年 5 月 10 日）

Perry-Globa, P. et al. (2007). *Perspectives on Globalization.* Oxford University Press Canada.

Policy Research Sub-Committee on Social Cohesion (PRSub-C). (1997). *Social Cohesion Research Workplan.*

第3章

地理教育にシステム思考を取り入れる

梅村松秀・宮﨑沙織

1. はじめに

　ドイツのトーマス・ホフマン他による『2030年ESDに向けてシステム思考への10のステップ〜教師，教育者，ファシリテーターのための持続的な開発のための教育』として提示された「システム思考10のステップ」プログラム（以下"10ステップ"と略称）は，学習活動にシステム思考を導入する際の基本的な活動と展開についての手順を提示したものである。

　本章は，10ステップのうちステップ1〜3の活動にあたる「構造化された説明」，「説明のモデル化」と「モデルのシステムとしての理解」に着目し，他のシステム思考に関する文献との関係をもとに，方法と手順やその意義について考察する。対象とした文献は，『システム思考で地理を学ぶ』（地理教育システムアプローチ研究会，2021），教育全体に対してのシステムアプローチの適用を提起するセンゲらによる『学習する学校』（センゲほか，2014）。そして1980年代後半，アリゾナ州ツーソンにはじまった「学校コミュニティプロジェクトとしてのシステム思考 (the Systems Thinking in School Communities Project)」(Waters Foundation Project, 2009) に関連したフォレスター (Forrester, 1990, 1992, 1996)，リッチモンド (Richmond, 1994)，グッドマン (Goodman, 2000) ほか，システム思考教育に関連する初期の資料である。

■ 2.『2030年ESDのためのシステム思考10のステップ』2022（CEE）における1〜3ステップ

"10ステップ"は，副題に「教師，教育者，ファシリテーターのためのESD教育」とあり，ユネスコによる「持続可能な開発目標のための教育〜学習目標」（UNESCO，2017）における8つのコンピテンシーの一つであるシステム思考コンピテンシー習得のための講習会を想定した，指導者向けテキストである。

ステップ1〜10の詳細は，第1部第2章を参照されたい。ここではステップ1〜3の活動として記述されている項目に着目している（図4-3-1）。

図4-3-1 "10ステップ"におけるステップ1〜3のイラストと活動の記述
（Hoffmann et al., 2022より筆者編集作成）

2-1．ステップ1の活動「構造化された説明」とは

ステップ1は，地理教育における何らかのテーマについてシステム思考を適用するにあたっての導入部にあたると考える。活動として提示されるのは，「複雑な現実の一部を構造として説明すること，活動成果として「対象に対する認識の深まりと説明する能力の向上」が提示される。

10ステップでは，「構造化された説明」（以下，「構造（化）」）の意味するところについて，次のように説明している。

196　第4部　地理や社会科における社会問題の扱いとシステムアプローチとの関係をさらに考究する

> 現実（トピック）の説明は物理的な要素と文脈で構成される必要がある。この説明は可能な限り詳細に，以下のようなことに注目する。
> ・自然と人工，有形と無形などの構成要素
> ・該当する場合，数または数量，傾向（増加または減少）
> ・トピックに関する認識や感情
> ・トピックの一部として何が考慮されるのか？
> ・トピックに影響を与える可能性のあるものは何か？

　対象を「構造化」されたものとしてとらえるという認識は，リッチモンド（Richmond, 1994）に始まる。リッチモンドは，自らの論稿にシステム思考の位置づけを明確にしたことで知られるが「学校コミュニティプロジェクトとしてのシステム思考」に，シミュレーションソフト STELLA（センゲほか，2014, p. 434 参照）の提供という形でかかわった。システム・ダイナミクス国際会議（1994，スコットランド，スターリング）での講演録（Richmond, 1994）において，ソフトウェア STELLA という商品名の語源について述べるなか，システム思考の本質としての「構造化」という用語の由来を次のように語る[i]。

　STELLA という頭文字は "Structural Thinking, Experiential Learning Laboratory with Animation" の略である。当時（1985 年），システム・ダイナミクスよりも構造的思考（Structural Thinking）という名称のほうが，私たちが何を目指しているかをより正しく表しているように思いました。私は「構造的思考」という名前が気に入ってます。それがシステム・ダイナミクス（システム思考の本質）の本質であると，私が考えるものを直接さしているからです。残念なことに，この言葉は土木技師がマンションやダムを計画するときに行うことをよく表しています。……STELLA ソフトウェアのユーザーズガイドを作成した時，私はソフトウェアの '背後にあるもの' を説明するために 'システム思考' という名称を使い始めた……。(p. 4)

　対象を構造化されたものとして認識し，システム思考を適用することの目的について，別の文脈において「……私が到達したシステム思考の定義は，「シ

ステム思考とは，根底にある構造に対する理解を深めていくことで，行動について信頼できる推論を行う技術と科学である」(p. 6)……」と記す。『システム思考で地理を学ぶ』では，「構造化された説明」(構造化) について，宮﨑 (2021)，山本 (2021) による記述がある。

宮﨑 (2021) は，複雑化，不確実性の時代にあって，教育界は機械論的な問題解決パラダイムからシステム論的パラダイムへの転換が求められているという文脈のもと，カプラ，セルビーら文献資料による知見としてシステム思考における「構造」の意味するところを従来の科学的手法との対比を提示する (p. 9：表1「2つのパラダイムの主な特徴」)。この対比表によれば，機械論的パラダイムは「全体や部分を要素に還元し (分解し)，本質を追求する」のに対して，システム論的パラダイムは「マルチレベルの構造をなし，そこから全体の本質・原理を明らかにする」との認識を示唆する。

山本 (2021) は，地理教育におけるシステム思考に活用される思考ツールを紹介する文脈で，①フローチャートやストック＆フロー図など「関係」を把握するためのシステムツール，②「構造」を意識して説明するためのツールとしての開発コンパス，関係構造図，③つながりを考える活動としてのミステリーの3つを挙げる。うち，システム思考の適用にあたり，社会的な見方，地理的な見方 (構造観) の育成に資するものとしてのドイツの地理・環境教育で開発された「関係構造図」は，4つの自然圏，5つの人類圏，あわせて9つの圏・領域からなる枠組みとして示すことを示唆する。

対象を「構造」として認識することは，対象へのわれわれの思いや対応につながるというリッチモンドの視点，重層的な全体への視点を示唆する宮﨑 (2021)，その重層性を9つの圏・領域としてとらえるという山本 (2021) らの記述から浮かび上がってくるのは，対象としての事物の重層性をわれわれの思いや対応を意識しての関係性のつながり (ネットワーク) としてとらえることといえるだろう。

2-2. ステップ2「構造化された説明」を「モデルとして表現」するとは

ステップ2は「構造化された説明」を「モデルとして表現」する活動である。

モデルとは何か？　テキストは，「モデルとは，現実の一部を単純化した心像・画像（picture）または描写（depiction）」であり「（科学的）モデリングの目的は，自分自身の思考を明確にし，整理し，それを他者と共有し，伝達できるようにすることである」として，3Dモデルとしての地球儀，図式モデルとしての水循環図，概念モデルとしての方程式，数学モデルを例示している。図3-1は，ステップ1からステップ3まで，ステップごとの図式表現を示しているが，ステップ2では，「構造化された説明」の図式表現として，システム図の例が描写され，以下のような教授方法例が示される。

> ブレーンストーミングなどの方法で，
> → 「構造化された説明」からキーワードリストを作成し
> → それらを要素，相互関係，機能に分類し
> → 単語，矢印，ロゴ，画像など，描写にあたっての図式表現化されたモデルを作成する。

　モデルの図式表現について，山本（2021）は，図式表現，可視化は「事態の複雑さを理解し，それを他者とわかりやすく「見える化」して共有することが問題解決に向けての第一歩」なること。かつ，「複雑なシステムにおける「関係」と「構造」を可視化することで……将来を「予測」し，解決に向けた突破口である介入点を見つけるための」思考ツールであるとの認識を記している（p. 2）。

　システム思考の学校教育への適用の先駆けをなしたとされる1989年アリゾナ州ツーソン，カタリナフットヒルズ学校区における「学校コミュニティプロジェクトとしてのシステム思考」主導者の一人，フォレスター（Forrester, 1990, 1992, 1996）にとって，モデルとしての可視化は，教育学の知見との連携をも意味した。すなわち，「人間の記憶について言える最も基本的なことは，……詳細は構造化されたパターンに配置されない限り，それは急速に忘れ去られる」（Forrester, 1992）[2]と，教育学の知見としての知能にかかわる「構造化」の意味するところを踏まえた上で，「……（対象としての）構造は，詳細がどのようにつながり，それらが互いにどのように影響しあっているか，そして過去の行動と将来の結果が意思決定方針とその相互作用からどのように生ずるかな

ど，詳細の動的な重要性を示す必要がある……」。そして，システムを記述，描写するためのモデルは「詳細に意味を与えるための動的な枠組みを提供でき」，「書き言葉にせよ話し言葉にせよ，ふつうは要求されることのないような明瞭さと首尾一貫性を保つ規律を持たなくてはならない」，それによってモデルは，解釈と表現を確認する「個人的なスキルの発達」に資するという（センゲほか，2014, p. 404）。グッドマン（Goodman, 2000, p. 2）は，英語という言語構造に視点を当てつつ，システム図（system map）の必然性を次のように記す。

言語は，私たちの世界観に微妙な，しかし強力な影響を与える。……英語は直線的である。名刺 − 動詞 − 名詞という基本的な文の構成は，「x が y を引き起こす」という世界観に変換される。この直線性は，x が y に影響を与え，y が x に影響を与えるというような循環的な関係や相互因果関係よりも，一方通行の関係に注目しがちである。……

その上で，言語構造自体に潜む線形思考に導かれやすい限界を超えるものとしてのシステム図の特徴を次のように記す（Goodman, 2000, p. 2）。

・「閉じた相互依存関係」に焦点化できる
　　なぜなら：システム思考の言語は直線的ではなく，循環的なること。
・「視覚的」言語なること
　　なぜなら：因果ループ図，関係構造図など，システム思考ツールは視覚的な構成要素を持ち，関係する要素を簡潔，明確に要約することで，複雑な問題を明確化するのに役立つ。
・高い精度
　　なぜなら：システム図の作成，読解にあたっての構文ルールは，あいまいさや誤解を減少させる。
・メンタルモデルの「明示化」を強いること
　　なぜなら：問題に対する個人の認識を白黒の絵に変換し，視点の微妙な違いを明確化する。

200 第4部 地理や社会科における社会問題の扱いとシステムアプローチとの関係をさらに考究する

・検討（検証）と探究が可能なること

　　　なぜなら：問題に対する集団的な理解を促進するための強力な手段となり，議論を図表に集中させることで，高度な議論で生じうる防衛意識を和らげられる。

・部分ではなく全体を見る世界観の体現

　　　なぜなら：システム思考の本質的な前提は，問題は内部に生成することにある。

　マルツァーノほか（Marzano et al., 2001）は，人間の知識は，言語形式と心像（イメージ）形式の二つの形式で保存されるという心理学における「二重コーディング理論」に従うなら，言語形式は本質的に意味論的なること。対して心像形式としての心の絵，あるいは匂い，味覚，触覚，運動感覚，音など身体的表現は，「非言語的表現（Nonlinguistic Representation）と呼ぶ」として，学習者の心の中に非言語的表現の発達を促す，図形表現，物理的モデル，心の絵（mental pictures），絵や絵文字，身体的活動など（pp. 72-83）を挙げている。

2-3. ステップ3,「モデルをシステムとして理解」するとは

　ステップ3は，ステップ2で作成されたモデルを「モデルは，静的または動的に変化する現実」を能わしているかどうかを確認する活動となることが提起される。活動が意味するところについて，Meadows（2008）の *Thinking in Systems: A Primer* の邦訳書であるメドウズ（2015）『世界はシステムで動く――いま起きていることの本質をつかむ考え方』の記述に基づくとして7項目が示される。

---

a. システムとは何か?

　ギリシャ語では，さまざまな要素や構成要素から構成する単位を「システマ」とよび，そこから「システム」という言葉が派生した。現代の私たちの理解では，「システム」とは，相互に関連し，相互依存している多くの異なる要因や原動力を組み込んだ首尾一貫した，または機能的な単位として理解される。システムは，その部分の総和以上のものである。森林は生態系の一部であり，し

たがって，その樹木の単純な合計以上のものである。

b. **どんなシステムにもあること：**

　要素間の相互関係機能または目的

c. **システムは**

　因果関係やフィードバックループ，線形または指数関数的な成長，衰微（強化），振動，安定化（バランス）挙動など，典型的な挙動と変化のパターンを示す。

d. **システムの挙動とは，**

　正常に機能している限り，時間の経過とともに予想される一連の変化である。たとえば，季節は気候システムの正常な挙動です。それはシステム自体の構造であり，したがって要素間の相互作用の性質である。

e. **システムは動的だが，**

　システム全体がある期間，停止して静的な挙動をすることもある。たとえば，気候，経済，社会，工場，農場，学校，自然はシステムである。また，ライダーが乗ってなく止まっている自転車もシステムであり，止まっていたり，動きがなかったりするのは，システムの挙動の特定の例である。

f. **システムは自己組織化し，**

　少なくともある程度の混乱に対しては自己修復することができる。それらは回復力があり，その多くは進化的である。

g. **システム思考には特有の語彙が必要であり，ステップ3では以下のような**用語が使われる。

　要素（element）

　相互関係と因果関係（interrelationships and causation）

　機能（function）

　システム（system）

　動的（dynamic）

　領域（boundary）

　挙動（動作・行動）（behaviour）

　システムは，より大きなシステムの中に入れ子になっている。（Systems are nested within a larger system.）

　ストックとフロー（stock and flow）

3. ステップ1〜3にみるシステム思考の　基礎的な段階とメンタルモデル

　以上，10ステップにおけるステップ1〜3は，複雑な現実を構造化されたも

202　第 4 部　地理や社会科における社会問題の扱いとシステムアプローチとの関係をさらに考究する

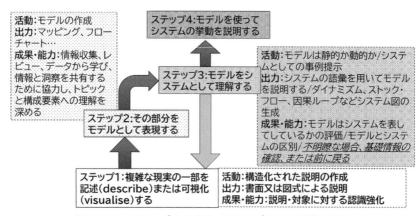

図 4-3-2　ステップ 1 から 3，ステップ 4 への段階の整理
（Hoffmann et al., 2022 より筆者編集作成）

のと認識し→モデル化（図式化）し→モデル化された図式をシステムの言語で語るプロセスと要約できる（図 4-3-2）。10 ステップは，このプロセスの振り返り活動として，2 つのアクティビティを提示し，ステップ 4，「システムの挙動について，モデルを使って説明する」への段階とする。

　しかしながら，このプロセスにおいて，センゲほか（2014）やリッチモンド（2004）ほか，いくつかのシステム思考入門テキストに共通して取り上げられるメンタルモデルに関する言及がない。たとえば，センゲほか（2014, p. 19）は，メンタルモデルについて，未来に向けての教育活動における 5 つの学習原則として，「自己マスタリー」，「共有ビジョン」，「メンタルモデル」，「チーム学習」，そして「システム思考」を提示する。うち，「メンタルモデル」については，「チーム学習」とともに「内省的な思考と生成的な会話の実践」にかかわる原則として，対象への「システム思考」を適用するにあたっての，当事者に求められる振り返りと探究のスキルであり，「……態度や認識についての気づき（意識）を高めることに焦点が合わせ」（センゲ他，p. 21）られるとする。より詳細には，メンタルモデルに関するエクササイズ『恐竜の足跡』について参加者の発言を踏まえて，「エクササイズの要点は，人間が物事を解釈する生き物だと示すことにある。私たち人間の行動や態度は，私たちがもつメンタルモデルによって

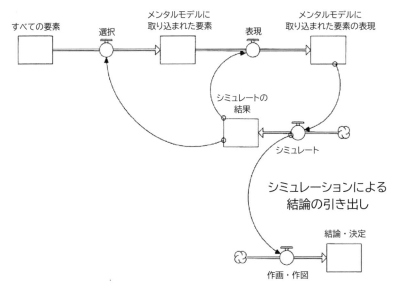

図 4-3-3　STELLA マップ

(リッチモンド, 2004 より)

形作られる……」(センゲほか, p. 159)と記す。

　リッチモンド (2004) は, われわれ人間の思考のもとをなすメンタルモデルの構築, それらをシミュレーションして, 結論を導き出し, 意思決定を行うための STELLA マップ (システム図：図 4-3-3) を提示し, 思考とメンタルモデルの関係について次のように説明する。

　メンタルモデルとは何か？　それは, あなたが創造し, 頭の中でもち歩く現実の'選択的概念'である。私たちの頭はいくら大きくても, そこに現実を収めることはできない。代わりに, 現実の様々な側面のモデルをもっている。私たちは, これらのモデルをシミュレーションすることで, 経験していることに意味を見出し, 私たちの行動に影響を与える決定に到達する (p. 16)。

10ステップテキストの著者らに意識されていなかったわけではないだろうことは，ステップ3に関する記述の最後に「さらなる重要な質問」として3項目示されるが，3項目目に「システムの挙動を駆動するのは何か？」という問いに示唆されるが具体的な言及はないことは指摘したい。

■ 4. おわりに

以上より本章では，10ステップにおけるステップ1からステップ3は，システム思考を適用する際の，入門的な基礎的段階であることを関連文献との参照により明らかにした。また，この10ステップにおける構造化からモデルとしての表現，システムの語彙を活用しての説明までの3段階は，地理教育システムアプローチ研究会（2021）の理論編において，要点は記述されていたことも示すことができた。

リッチモンドは，「構造化」の意味するところを10,000メートルの上空から地上を見下ろした時の様子にたとえた。重層的，かつ時とともに変化する様を，直線的な言語表現でかなえることはできない。システム思考は，その伝達，表現方法において多様な方法とツールを生み出したといえる。

10ステップにおけるステップ1〜3までのプロセスは，従来の科学的方法では対応できなかった複雑さ，不確実性に特徴づけられる今日的な問題に対して，対象を「構造化された」総体としてとらえ，その構造を「モデル化」し，システム思考特有の語彙，ツールの活用を通して，システム思考からの視点を提示すること，あわせて，非言語的表現ともいえる図式表現や身体表現など多様な伝達方法も，システム思考ならではのことと示唆するものであるといえよう。

一方で，システム思考関連の文献で多く取り上げられてきたメンタルモデルについては，10ステップでの言及はあまりなく，課題が残ることも指摘した。筆者は，地理教育システムアプローチ研究会（2021）の実践例のいくつかに，学習者の信念・心情（メンタルモデル）が対象への認識，理解に影響するシステム思考の特徴が示唆されていたととらえているが，これらは次の機会に記したい。

日本の地理教育におけるシステム思考の適用については，海外の地理教育の動向も踏まえつつ，さらに議論の蓄積を行い，実践として展開していくことを期待したい。

注
1) 詳細についてはリッチモンド (2004) またはゼンゲほか (2014, p. 434) を参照。
2) ブルーナー (1963) における「第4章 直感的思考と分析的思考」を参照のこと。

引用・参考文献
地理教育システムアプローチ研究会 (2021)『システム思考で地理を学ぶ―持続可能な社会づくりのための授業プラン』古今書院.
センゲ，P. M., キャンブロン＝マッケイブ，N., ルカス，T., スミス，B., ダットン，J. & クライナー，A. 著，リヒテルズ直子訳 (2014)『学習する学校―子ども・教員・親・地域で未来の学びを創造する』英治出版.
ブルーナー，J. S. 著，鈴木祥蔵・佐藤三郎訳 (1963)『教育の過程』岩波書店.
宮﨑沙織 (2021)「社会構造やパラダイムに気づかせよう」地理教育システムアプローチ研究会『システム思考で地理を学ぶ―持続可能な社会づくりのための授業プラン』古今書院，pp. 9-12.
山本隆太 (2021)「本書で登場する思考ツールについて」地理教育システムアプローチ研究会『システム思考で地理を学ぶ―持続可能な社会づくりのための授業プラン』古今書院，pp. 1-8.
リッチモンド，M. D. 著，バーシティーウェイブ訳 (2004)『システム思考入門I―教育編』カットシステム.
Forrester, J. W. (1990) System dynamics as a foundation for pre-college education. *System Dynamics*, 90.1, pp. 367-380.
Forrester, J. W. (1992). System Dynamics and Learner-Centered-Learning in Kindergarten through 12th Grade. *Text of remarks delivered December*, 12.
Forrester, J. W. (1996) System dynamics and K-12 teachers: A lecture at the University of Virginia school of education. System Dynamics Group report number D-4665-4, Sloan School of Management, MIT. System Dynamics Group report number D-4224-1, Sloan School of Management, MIT.
Goodman, M. (2000). Systems Thinking as a Language. In Kim, H. D. (Ed.), *Systems thinking tools: A User's Reference Guide*. Pegasus Communications, pp. 6-7.
Hoffmann, T., Menon, S., Morel, W., Nkosi, T., Pape, N. (2022). Ten Steps towards Systems Thinking – An Education for Sustainable Development Manual for

teachers, educators, and facilitators. Centre for Environment Education. India. https://www.ceeindia.org/systemsthinking/（最終閲覧日 2024 年 7 月 5 日）

Marzano, J. R., Pickering, J. D., and Pollock, J. (2001). *Classroom Instruction That Works: Research-based strategies for Increasing student Achievement*. Assn for Supervision & Curriculum.

Meadows, D. H. (2008). *Thinking in Systems: A Primer*. Chelsea Green Pub Co. （メドウズ，D. H. 著，枝廣淳子訳，小田理一郎解説（2015）『世界はシステムで動く―いま起きていることの本質をつかむ考え方』英治出版.）

Richmond, B. (1994). System Dynamics/Systems Thinking: Let's Just Get On With It. *System Dynamics Review*, 10.2-3, pp. 135-157.

UNESCO (2017). *Education for Sustainable Development Goals: Learning Objectives*. UNESCO.

UNESCO MGIEP (2017). *Textbooks for Sustainable Development: A Guide to Embedding*. UNESCO MGIEP.

Waters Foundation Project. (2009). The impact of the systems thinking in schools projects: 20 years of research, development and dissemination. Systems Thinking in schools: A Waters Foundation Project. https://waterscenterst.org/ （最終閲覧日 2024 年 7 月 5 日）

本書のシステム思考に関わる用語集

社会問題の解決志向（Solution-oriented Approach to Social Problems）

　問題の原因追究（なぜ起きているか）だけでなく，持続可能な未来社会像をイメージした上で「どうしたらよいか」を考えること。

開発コンパス（Development Compass）※

　システムの要素を自然（Nature）・経済（Economy）・政治（Who decide?）／幸福（Well-being）・社会（Society）の4区分でとらえ思考するツール。各区分の頭文字をつなぐと，東西南北を意味する NEWS となる。

関係構造図（Network of Interrelations）※

　システムにおける要素の関係と構造を，自然圏（岩石圏・大気圏・水分圏・生物圏）と人類圏（人口・心理・社会・技術・経済）の9区分でとらえ，可視化し思考するツール。

システム（System）※

　相互につながっている一連の構成要素の集まりのことを指す。システムの構成要素は構造を形作るとともに，その構造は総体としての挙動（振る舞い）を示す。古代ギリシア語では「共に」（Sy）「立つ」（stem）の意味。「全体は部分の総和以上」と表現される。そこから「問題はつながっている。解決策もつながっている」という発想へと通じる。

システムアプローチ（Systems Approach）※

　システムの見方や考え方（システム思考やネットワーク思考）に基づき，複雑な物事を理解し対処すること。相互関係から成り立っている構造を把握することと，その構造が生み出す全体的な挙動をとらえる方法。システムズアプローチともいわれる。
- 「相互関係を理解する」とは，事象の間のつながりを理解する。事象の「関係」と「構造」をとらえること。関連して，システマティック（systematic）とは，「システムの構造について」あるいは「構造的」の意味。
- 「全体を理解する」とは，事象の相互関係が過去—現在—将来という時間軸の中でどのような「振る舞い」（behavior）をみせるかを理解すること，予測すること。相互関係が生み出す，システムのダイナミックな振る舞いをとらえること。これに関連して，システミック（systemic）は，「システムの全体について」あるいは「全体的」の意味。

システムループ図 (Casual Loop Diagram) ※

システムにおける事象のフィードバックループを考えるための思考ツール。フィードバックには正の（自己強化型）フィードバックと負の（バランス型）フィードバックとがある。前者は急速な成長を生み出すように，増加を促進する働きを示すのに対して，後者は成長を規制して安定した状態にシステムを維持する働きをする。

シナリオプランニング (Scenario Planning)

不確実性を踏まえた起こり得る複数の未来シナリオを作成・検討し，ビジネス戦略や政策立案を行うのための手法。

ストック＆フロー図 (Stock and Flow Diagram) ※

システムにおける事象のストック（貯蔵）とフロー（流れ）を考えるための思考ツール。

デザイン思考 (Design Thinking)

本書におけるデザイン思考は，他者との協働の中で，ありたい社会（姿）を描き，社会を構想するものであり，ありたい社会においてどのように他者や自然と関わっているかをイメージし，逆算して考える思考法としている。また，人中心の考え方であり，人（対象者）のニーズを把握した上で，ニーズに基づく解決策をプロトタイプ（試作モデル）として提案し，社会実装を目指すプロセスをふむ。

人間－環境関係 (Human-Environmental Interactions) ※

人文的環境と自然的現象が関係しあって存在している動的な状態のことで，単に並列で叙述されること（静態地誌）ではない。また，相互の関係を地人相関論のように因果関係でとらえるのではなく，システム論（再帰的な関係論）でとらえること。学習指導要領では，「人間と自然環境との相互依存関係」ともいわれる。

複雑 (Complex) ※

システムの複雑さとは，単に要素が多いことではなく，システムの振る舞いの複雑さであり，予測の困難さとして現れる。一概に，「要素が多いと複雑」ともいえず，「要素が少なくとも複雑」な現象もある。同様に，「要素が多くとも複雑ではない」システムもある。複雑さは現代世界の特徴の一つであり，どうやってコントロールするかが現代的課題である。「簡単だが間違っていることと，複雑だが正しいことのどちらを選ぶか」（人はわかりやすい方向に流れがちであることを示唆したコピー）。

> ※地理教育システムアプローチ研究会 (2021)『システム思考で地理を学ぶ』古今書院と同様の解説。

あ と が き

　本書は，地理教育システムアプローチ研究会における二冊目の成果物として刊行されたものである。2021 年に古今書院より『システム思考で地理を学ぶ』を刊行して以来，3 年ぶりの成果物となる。本研究会はこれまで，システム思考を活用しながら地理的諸事象や諸課題どうしの関係性を踏まえつつ，社会問題の構造を把握することに重点が置かれ，それに基づく理論研究や実践研究がなされてきた。いわば，自然システム並びに社会システムに対する構造的理解を目指すことが研究の中心となっていた。

　だが，現行学習指導要領における高校「地理総合」の必修化とそれに伴う地理教育の社会貢献を求める声とともに，国際地理学連合・地理教育委員会が推進する「市民性育成に果たす地理教育」という世界的な潮流を受けて，「社会問題の発見や解決策の分析・吟味・提案といった段階を踏んだ探究型の学習プロセスをたどることで，持続可能な社会実現へ向けた構想力育成のための地理教育の創造」へと研究の軸足がシフトしていった。このことは「自然的・社会的諸事象間の関連性を総体としてとらえ，そこから問題を発見し，多面的・多角的な視点から解決策について考えていくことで，持続可能な社会を目指す」という地理教育本来のねらいを再確認することを意味する。本書の出版はそのような経緯からなされたといえる。

　改めて本書の刊行目的について見ていくと，第一に，社会問題の解決を目指した地理教育の実践にあたってシステム思考がいかに寄与できるのかを，近年の社会の動向や隣接する教育分野における研究成果を踏まえつつ多面的・多角的に考察し，ある種の理論を提示することにある。第二に，理論研究を受けて開発された授業プランの実践上での成果と課題を踏まえ，地理教育におけるシステムアプローチの有効性について検証することにある。具体的には，学習者である生徒たちが関係構造図やループ図などのシステム思考ツールやミステリーなどの学習手法を駆使しながら「社会の変容」を予測し，「ありたい社会」

を追究するための問題解決のプロセスを重視した地理学習のあり方について理論を示した。それを踏まえ，上記の理論に基づいた中等教育段階における授業モデルを開発し，実際の中学・高校の現場において実践を行うとともに，そこで得られた成果を検証することで，「社会問題の解決を目指す地理教育」の確立を試みた。

なお，本書では，システム思考ツールを駆使した授業モデルの提案のみならず，上述した地理教育の本来のねらいを確固たるものにするべく，予測思考，デザイン思考，批判的思考などを意識して採り入れるなど，「現実社会と未来社会像との往還関係」を重視した授業モデルの提案を試みている。その際，ESD や公民教育などの隣接領域からの知見を最大限に生かすことで，「社会問題の統合的解決を目指した地理教育のあり方」についてある程度のレベルまで提言できたのではないかと考える。

最後になったが，編者からの執筆依頼を快く引き受けてくださり，玉稿を寄稿してくださった本研究会のメンバー諸氏に深く感謝の意を捧げたい。とりわけ，佐藤真久氏には ESD 研究の第一人者という立場からシステム思考とデザイン思考を一体化した「新しい地理教育」のあり方を考える上で有益なアイディアとなる論考をご執筆いただいた。坪田益美氏には公民教育の立場からカナダ・アルバータ州社会科における Issues-Focused Approach の理念に基づいた学習内容とその構成原理について論じていただくとともに，それがシステムアプローチといかなる関わりをもつのかを具体的に示していただいた。トーマス・ホフマン氏とクリスチャン・エンゲル氏にはドイツにおける「解決志向型の地理教育」の理念とそれを具現化した授業実践についてそれぞれ論じていただくことで，我々が日本でそれを実践するための手がかりを得ることができた。そして何よりも，学文社の落合絵理氏には本書の企画から編集，出版へと至る各段階において並々ならぬご尽力をいただいた。氏の献身的な努力なくして本書の刊行はあり得なかったといえる。その意味において最大の感謝の意を捧げたい。

2025 年 1 月吉日

編者を代表して　地理教育システムアプローチ研究会　泉　貴久

索　引

あ行
SDGs　　4, 39, 51, 64, 123

か行
解決志向　　39, 58, 64, 117, 207
開発コンパス　　17, 121, 189, 207
価値判断　　142
葛藤　　181
関係構造図　　17, 32, 98, 109, 121, 197, 207
気候　　75, 139
気候変動　　58, 66
技術の開発　　110
空間的な規則性，傾向性　　88, 137
国際理解と国際協力　　21, 98, 121, 175

さ行
最適解　　18, 86
自然環境と防災　　17, 137
自然システム　　18, 48, 74
持続可能性キー・コンピテンシー　　10, 32, 57
シナリオアプローチ　　32
シナリオプランニング　　98, 208
社会参加　　19, 121, 171, 189, 192
10 ステップ　　36, 150, 195
小地形　　87, 139
ジレンマ　　188
スケール　　19, 81, 136, 169, 172, 173
図式　　74, 125, 198

た行
他者　　16, 42, 136, 150, 181
多文化共生　　149, 171, 180

地域認識
地域認識　　138
地球温暖化　　71, 111, 170
地球市民　　16
地形　　75, 139
地誌　　23, 99, 173, 208
地図帳　　77, 90, 123
地理教育国際憲章　　16
地理探究　　88, 107, 137, 163
デザイン思考　　13, 35, 41, 152, 158, 208

は行
ビッグピクチャー　　138
批判的思考　　10, 57, 171, 189
批判的に考察する　　109
フィールドワーク　　23, 146, 170, 174, 175
フロー図　　17, 87, 150, 197, 208

ま行
ミステリー　　135
身近な地域　　85, 146, 172
未来予測　　98
メドウズ，D. H.　　76, 85, 111, 118, 200
メンタルモデル　　24, 158, 202
問題志向　　34, 40, 58, 177

や行
予測　　43, 74, 93, 112, 151
予測コンピテンシー　　10, 35
予測思考　　38

ら行
ルツェルン宣言　　15, 31, 175
ループ図　　112, 151, 208

【編者紹介】

宮﨑　沙織（みやざき　さおり）
　群馬大学共同教育学部　准教授
　専門分野は社会科教育，地理教育。主な著書として『問題解決的な学習とは何か』（東洋館出版社，2023年，分担執筆），『Well-beingをめざす社会科教育—人権／平和／文化多様性／国際理解／環境・まちづくり』（古今書院，2024年，分担執筆）。

泉　　貴久（いずみ　たかひさ）
　専修大学松戸高等学校　教諭，専修大学商学部　非常勤講師
　専門分野は地理教育，社会科教育。主な著書・論文として『SDGs時代の地理教育—「地理総合」への開発教育からの提案—』（学文社，2024年，分担執筆），「システム思考に立脚した社会参画を見据えた「課題解決型の地理教育」の授業実践—高校「地理総合」単元「フライドチキンから私たちの食生活を考える」を通して—」（『社会科教育研究』143，2021年）。

阪上　弘彬（さかうえ　ひろあき）
　千葉大学教育学部　准教授
　専門分野は社会科教育学，地理教育論。主な著書・論文として『ドイツ地理教育改革とESDの展開』（古今書院，2018年，単著），「「空間的な市民性教育」の研究動向とその特質—欧米の地理教育・社会科教育を中心に—」（『人文地理』72.2，2020年，筆頭著者）。

中村　洋介（なかむら　ようすけ）
　公文国際学園中・高等部　教頭，駒澤大学文学部　非常勤講師
　専門分野は地理教育，地生態学。主な著書・論文として『小中高一貫地理教育カリキュラムスタンダード—近未来社会をつくる市民性の育成—』（古今書院，2025年，分担執筆），「箱根ジオパークにおける大学生対象のジオエコツアーの実践—関係構造図の作成とその効果—」（『地域学研究』36，2023年）。

山本　隆太（やまもと　りゅうた）
　静岡大学地域創造教育センター　准教授
　専門分野は地理教育。主な著書・論文として『ジオパークからはじめる地域づくり・人づくり』（静岡新聞社，2024年，共編著），「ドイツ地理教育におけるシンドロームアプローチの受容とその意義—ESDによる影響を中心として—」（『新地理』63.1，2015年）。

社会問題の解決を目指す地理教育―システム思考からさらにその先へ―

2025年3月15日　第1版第1刷発行

地理教育システムアプローチ研究会

編著者　　宮﨑沙織・泉貴久・阪上弘彬
　　　　　中村洋介・山本隆太

発行者　田中　千津子

〒153-0064　東京都目黒区下目黒3-6-1
電話　03（3715）1501 ㈹
FAX 03（3715）2012
https://www.gakubunsha.com

発行所　株式会社 学 文 社

©Miyazaki, S., Izumi,T., Sakaue, H., Nakamura, Y., and Yamamoto, R. 2025
印刷　新灯印刷㈱
乱丁・落丁の場合は本社でお取替えします。定価はカバーに表示。

ISBN978-4-7620-3417-6